オダギリジョー

撮影　野村佐紀子　スタイリング　西村哲也
ヘア&メイクアップ　シラトリユウキ　文　岡田麻美

ブルゾン（42,000yen）、シャツ（28,000yen）、パンツ（34,000yen）／
以上、PLEATS PLEASE ISSEY MIYAKE（イッセイ ミヤケ　tel.03-5454-1705）　※すべて税別

いびつであったとしても何かが突き刺さるものが良いし、作る意味がある

オダギリ ジョーが脚本・演出のドラマ『オリバーな犬、(Gosh!!)このヤロウ』〈NHK総合〉がこの秋放送される。長編初監督した映画『ある船頭の話』とはまた違う異彩を放ち、現在の苦境を吹き飛ばすような可笑しみが炸裂していて、目が釘付けになった。例え映画好きではない人でもどこか掻き立てられるような、カルチャーを感じさせる台詞や音楽、豪華な出演陣が集った快作だ。「敬愛する映画監督たち、『タクシードライバー』や『ミーン・ストリート』など敬意を持つ作品の、オマージュ的なことを入れたい気持ちもありました」と話す、オダギリのユーモア、知識、映画への愛、人を惹きつける力が溢れている。彼にしか生み出せない世界に、どれだけの人が感化されるのか。映像界に一石を投ずる、本作の放送がとにかく楽しみだ。

苦しいことばかりだから、単純に笑いたい。シンプルに楽しめる作品にしたいとは思っていた

――脚本を書き終えたのは去年の緊急事態宣言中だったということですが、2年くらい前から構想自体はあったとお聞きしていて、この話がどういう成り立ちで生まれたのかを伺いたいです。

オダギリ 何から思い付いたのか、詳しくはあまり覚えていないのですが（苦笑）、最初に、人間と動物の物語で何かを書こうと思ったんです。人間ドラマって、もちろん人間同士のやりとりの中から生まれるじゃないですか。それは脚本を書く上で毎回避けて通れないものだと思うんですけど、動物と人間のやりとりは台詞を超えざるを得ないコミュニケーションをどう積み上げるのか、手を付けるのが難しい印象があったんです。だからこそ挑戦してみたかったという部分もあったと思います。

――人間と動物の話から、どのように警察官と警察犬という題材に行き着いたのでしょうか？

オダギリ 脚本を書くまではまったく警察犬の知識もなかったんですけど……昔、ジェームズ・ベルーシ主演の『K-9』というアクション・コメディ映画があって、警察犬とのバディものだったんですよ。それがなぜかすごく印象に残っていたんですよね。たまにあるじゃないすか、一般的によく知られた作品でもないんだけど、不思議と自分の中に残っちゃうことって。縁があったとしか言えないんですが、これを1つのアイデアとしてこねくり回したら面白そうだなと、何となくピンときたんでしょうね。

――人と動物や『K-9』など、漠然とオダギリさんの中にあったアイデアが、今回のタイミングで、物語としてまとまっていったという感じでしょうか？

オダギリ そうですね。映画の場合は大体2時間程度で完結させることを考えますけど、連続ドラマを作る上で

は、やっぱり話数を重ねて見せていく醍醐味を味わいたいと思っていたので、自分の中にあった要素を連続ものとして繋げていったんでしょうね。3話で締め括れるように、メインとなる軸が1本あって、それに関わっていく色々な筋というか、縦と横の糸みたいな話を織り交ぜていこうとして、この形になっていったのだと思います。裏側を話すと、なんだか現実的な話になっちゃいますが（笑）。

――最終的な台本が出来上がったのは昨年ということで、私達は初めてコロナ禍で不自由な時間を過ごしたわけですが、オダギリさんも、「何が真実で何が正義なのか、ますます分からなくなってきています。この時代に描くべき作品は何か？と繰り返し自問しながら書いた作品です」とコメントされています。そこから、こうした可笑しみのある世界観になっていった経緯についても伺わせてください。

オダギリ 今もそうですけど……コロナ禍の最初の時期って日本中、世界中が沈んでいたじゃないですか。震災の時も同じでしたが、自分の存在意義を見失うんですよね。こんな時に芸術やエンターテインメントなんて誰が望むんだ？　一番必要とされない職業なんじゃないか……と思ってしまうんです。世界は明らかに悲しんでいる、でもそんな時に必要なのが、心の余裕や喜びであることも事実なんです。苦しいことばかりだから、単純に笑いたい。楽しみが必要なんです。こういう時代だからこそ、シンプルに楽しめる作品にしたいとは思っていて、こういった世界観になったところはありますね。

――監督作の『ある船頭の話』もそうですが、今作でも脚本・演出などを兼ねていて。素人からすると同時にたくさんのことを引き受けることは、負担になったりしないのかな？と思うのですが、いかがですか？

オダギリ なりますなります（笑）。いや、本当に倒れそうでした。ただ根本は、脚本を書くことが好きなんですね。そして、自分が書いた脚本を一番理解できるのは自分だから、監督するのは当たり前のように思ってしまうんです。今回も、カット割りとか細かい指示をスタッフの方々に事前に渡して、撮影の池田直矢さんともできるだけ多くの時間を共にして作りたい方向性を共有する、という丁寧な進め方を心掛けました。以前、石井裕也監督から、「映画監督で、主演もできる人間は世界でも限られているから、絶対やった方がいいですよ」と言われたことがあったんです。確かにそんなにいなくて、北野 武さんやウディ・アレンとかですよね、有名な方だと。そう考えると、「そっか、やれる時にやっておいた方がいいのか」と、思い始めてはきましたね。

——作品全体の雰囲気に関しても伺わせてください。オープニングがハードボイルドなイメージだったり、何気ない台詞の中でマーティン・スコセッシ監督の昔の作品に関する会話があったり。ドラマを観る人に、何かを感じさせる、体系的なカルチャーを匂わせるみたいなこだわりを、台詞や音楽などにも、オダギリさんは今作に込められたんじゃないのかな?と感じました。

オダギリ まぁ、そうですね。テレビって流し観するものでもあるけど、中にはじっくり観入ちゃう作品もあるじゃないですか。例えば10話だからこそ描ける深さがあったり、テレビにはテレビの良さってあると思うんです。そこに、ちょっとしたこだわりを散りばめることで、色々な角度から普段よりも強い興味を持ってもらいたいという気持ちもありました。それに、その小さなピースが結局、何かに繋がって物語が転がっていくというストーリーの広げ方ができればいいと考えていたんです。あとは、やっぱり自分の好みなんじゃないですかね。例えばコメディの作品にしても媚びた笑いは好きではないし、「はい、ここが笑うところですよ」みたいな見せ方には抵抗があるんです。構成的にも世界観としても、安売りのないこだわりがある作品にするべきだっていう、想いは強かったように思います。

——ちなみに、どうしてスコセッシ監督の映画に関する台詞を入れたのですか?

オダギリ　あれはただの思い付きで、髭を剃るシーンを書いている時に「スコセッシにそういう映画、あったよな」と思ってるうちに、ペンが進んでしまったんです（笑）。

――存じ上げなかったので調べたら『ザ・ビッグ・シェイブ』という短編作品なんですね。『タクシードライバー』もそうですが、ベトナム戦争での痛みを表していると、発表当時に言われていたという記事を見付けて。現代はコロナ禍ですし、ここから立ち上がれ！じゃないですけど、この台詞を入れた意味があるのかな？とも想像しました。そうしたネタが満載なので、視聴者として色々な想像ができるのも楽しいです。

オダギリ　ありがとうございます（笑）。普段の会話の中にも、好きな映画や音楽の話はよく出ますよね？　そんな会話からそのキャラクターの趣味趣向が見えてきますし、僕が単純にスコセッシの初期の作品が好きなんですよ。『タクシードライバー』はもちろん、『ミーン・ストリート』とか。他にも敬愛する映画監督たち、敬意を持つ作品への、オマージュ的なことを多く散りばめたい気持ちもありました。映画好きな人がそういうシーンに引っかかってくれるといいなと思って、ネタを入れたりはしていますね。

池松くんの美学というのか、意識の高さ、哲学が、すごく高尚なものだと感じる

――主人公の青葉一平役に、池松壮亮さんを起用されています。公開中の映画『アジアの天使』の共演時にお声掛けしたと伺って、オダギリさんは池松さんのどんなところが素敵な俳優だと思われていますか？

オダギリ　まず、とっても真面目だし、作品に対する取り組み方に誠意を感じられるんですよ。ちゃんと作品に命を懸けられる人、と言うのか……もちろん池松くんも不器用なところがあるし、完璧ではないかもしれない

けど、池松くんの美学というのか、意識の高さ、持っている哲学が、すごく高尚なものだと感じるから、僕はすごく信頼していますね。

——池松さんの美学というのは、オダギリさんはどのようなものだと感じられていますか？

オダギリ　言葉にするのはすごく難しいんですけど、同じ俳優という職業なら、何を考えているかは割と分かるものだと思うんです。でもそれが、伝わってこない人もいるんですよ。何をしたくて俳優をしているのか、何を目標に設定しているのか？とか。価値観がまったく見えない役者もたまにいて、そういう人たちと話していても、ぼやっとしているから、僕はあまり面白くないんですよね。俳優としてこうあるべきとか、そういう美学や哲学を持っている人とは会話をしても面白いし、刺激を受けるじゃないですか。なんか、ちゃんと「俳優」になろうとしているっていうんですかね。池松くんにはそれがあるから、好きなんです。

——今回の青葉一平役は、どの辺が池松さんにぴったりだと思われたのですか？

オダギリ　なんて言えばいいんだろう……。誤解を恐れずに言うと、今までは暗い役柄が多いイメージがあったんです。でもその人柄を知れば知るほど、幅の広い役もできる俳優だって分かるから、彼が演じる一平は絶対に成立するという確信がありました。『アジアの天使』が繋げてくれた結果ですね。

——本作は、本当に豪華なキャストの皆さんが出ていらっしゃって、今までオダギリさんと共演経験のある方が多いと思うんですけれども。どのようにキャスティングされたのかも教えてください。

オダギリ　実は脚本を書いている時に、当て書きとまでは言わないけど、なんとなくこの人がいいなというイメージを持って書いちゃうんですよ。そういう意味では、昔、共演をしていたとか一緒に仕事をしている人たちが思い付きやすいんですよね。あの人のこういうところを書いてみたいとか。そういう書き方をしていると、自然とこんなキャスティングになってしまう。でも実際、同じ俳優としても信頼できる人たちしか呼びたくないじゃないですか。池松くんと同様に、作品に真摯に向かってくれる人としか物作りはしたくないんですね。ただ、『ある船頭の話』と似たキャスティングだったり、片寄っているのも事実です（苦笑）。

――いえいえ、でもそう伺うと、佐藤浩市さんはこういうイメージもあるんだなとか、ちょっと意外性がある方もいて面白いです（笑）。

オダギリ あ、確かに。浩市さんに関しては当て書きではありませんでした。でもなんか、浩市さんは浩市さんで、ここのところシリアスな役柄が多いじゃないですか。だから僕の個人的な欲求というのか、こういう役をやってほしいなと思う気持ちもあって。それぞれ、演じてもらいたい人のことを考えて役を作り込んではいきましたね。

――『アジアの天使』は全編を韓国で撮影されたと伺っています。オダギリさんはこれまでも『悲夢』や『マイウェイ 12,000キロの真実』など韓国の作品に出ていらっしゃいますが、今、世界的にも評価を受ける作品を作り出している、韓国作品の制作の素晴らしさを、どう感じていらっしゃるのかお聞きしたいです。

オダギリ 制作に関しては、しっかりと時間をかけて作っているんですよ。作品にもよりますけど、日本映画なんて多くが1ヶ月程度の期間で撮るじゃないですか。でも韓国は、平均的なものでも3～4ヶ月はかけていると聞いています。国の支援もあることから、何倍もの製作費をかけられるんでしょうね。撮影期間に余裕があれば、1シーン1シーンにこだわりを持てますよね。それだけ良いものが作りやすい環境だということは明らかだと思います。あと、日本と大きく違うなと感じるのは、韓国の映画人はエリートとされているんです。韓国は学歴社会ですし文化の違いがあるとは思いますが、多くの映画人が有名大学出身で、映画を商業的な面でも、芸術的な面でも、理論的に捉えていったんじゃないでしょうか。それに加えて、20年前頃にハリウッド・システムに乗り換えたことで、一気に合理的な映画作りに舵を切り、映画でどう勝つか？ということに対するスキームが出来上がっていったんだと思います。ただそういう意味では、日本は他国に比べると環境的には恵まれていない制作システムの中で、とはいえ名作も作られてきたのは、才能のある人たちがちゃんと答えを出してきた誇らしい証だと思うんですよ。それは本当にすごいことだと思うし、だとしたらそういう人たちに余裕のある現場で、ちゃんとしたものを作らせてあげてほしいなとは切に願いますね。

―― ありがとうございます。今作をコロナ禍の不自由な中で監督したこともそうですが、オダギリさんの仕事を拝見していると、常に挑戦を続けてらっしゃるように思います。その度に、立ちはだかる壁はあると思うのですが、それをどういうものでエネルギーに変えて乗り越えてきましたか？

オダギリ そうですね。物作りに関しては「挑戦」という文字が、どうしても浮かんじゃうんですよ。無難なものだったら、作る必要がない気がしていて。せっかくね、たくさんの人を巻き込みながら、物凄く大変な想いをしてまでこういう作品を作らせてもらうんだったら、やっぱり死に物狂いで勝負をするべきだと思うし、今までの常識や固定観念を壊すような作品を作りたいと思うのが、作り手の心境にはあると思うんです。物作りは楽しいことだけじゃなく、苦しみの中から一粒の輝く何かを見付けることだと思っています。そしてちゃんと挑戦して作り出されたものには、面白いねって言ってくれる人もいるし、つまらないって言う人もいて、賛否は大きく分かれると思うんです。でもそれがあるべき正しい反応だし、僕はどちらかと言うと否が多い方が嬉しいと思っています。だって、常識や固定観念を相手にしているんだから、否が当たり前。池松くんがこの作品へのコメントで、「可笑しさとは時に、人生において大きな支えとなります。困難に打ち勝つための力を秘めていて、そこにはパンクな要素があります」と書いてくれていました。40歳を超えて「俺はパンクなんです」って言うつもりはないんですが（笑）、昔から何かに反抗することでしか自分を表現できなかったことも事実なんですよね。

――確かに反骨精神がないと、何かを壊してもそれだけになっちゃうし、何も生まれないですもんね。

オダギリ そうなんですよね。だから賛否の否の方がいいっていうのは、そういうパンクな何かであって、その先に新しいものが作られるんだろうなとは思います。

――それが次の作品だったり、物作りに向かうエネルギー源になっていたりしますか？

オダギリ そうなんでしょうね。とにかく、自分が「挑戦したい」「戦いたい」と思っているものに、面白がって集まってくれる仲間がいることが嬉しいし、意欲にはなります。同じ感性を持つ人たちと一緒に作品を作る作業が、昔からすごく好きで。それは俳優としても、同じなんですよ。脚本が面白いと思えなければ参加してもつまらないし、似た価値観を持った監督だからこそ信頼し、身を削る覚悟も持てる。例え、世間の半数に面白くないと言われたとしても、一部には必ず理解してくれる人たちがいて、その人たちには何倍も強く突き刺さったりもするんですよね。こだわりを持った作品であればあるほど。いびつであったとしても何かが突き刺さるものが良いし、作る意味があるというか、そんな考えなんですよね。

永瀬正敏×オダギリジョー

撮影　木谷一元　スタイリング（永瀬）渡辺康裕（オダギリ）西村哲也
ヘア&メイクアップ（永瀬）勇見勝彦（THYMON Inc.）（オダギリ）シラトリユウキ　文　岡田麻美
（永瀬）コート（153,000yen）、プルオーバー（49,000yen）、パンツ（59,400yen）／以上、sacai（tel.03-6418-5977）※すべて税別
（オダギリ）ジャケット（68,000yen）、シャツ（39,000yen）、パンツ（42,000yen）／以上、ETHOSENS（tel.03-6809-0470）※すべて税別

脚本を読んで最初に思ったのは、「これはみんな驚くぜ」と。物凄い刺激を世の中に注入しちゃうと思います（永瀬）

永瀬さんの出現によって、俳優の新しいカテゴリーが生まれたのは確かだと思います（オダギリ）

――ドラマ『オリバーな犬、（Ｇｏｓｈ!!）このヤロウ』の重要な役所で、永瀬正敏さんがご出演されます。オダギリ ジョーさんの監督作『ある船頭の話』にも永瀬さんはご出演されていますが、俳優としては、公開中の映画『名も無い日』の共演で、お2人は初めてしっかりとお芝居を合わせたとお聞きしました。今までそうした共演がなかったことが意外でしたが、まずお互いに、これまでは俳優としてどのような印象を持っていたかと、近年、共演されてその印象がどう変わったのかを教えてください。

永瀬 もうずっと前、鈴木清順組で一緒の作品（『オペレッタ狸御殿』）には出ていたのですが、僕は賑やかしみたいなちょい役だったので、がっつりと一緒にお芝居をさせていただいたのは最近なんです。でも共演する前から唯一無二の存在の俳優さんだとはずっと思っていましたし、歩み方を見てシンパシーを感じていたというか、信念を持ってやっていらっしゃるのは分かっていました。共演するのはいつかな？と思っていて、すべてが噛み合ったのがこのタイミングだったんだと思いますが、これまでなんて勿体無いことをしてしまったんだろうというのが正直な感想ですね。

――永瀬さんはオダギリさんの、どういうところが唯一無二、他にはいない俳優だと感じていますか？

永瀬 芝居もそうですけど、作品と役のセレクトに、意志と意味をちゃんと感じるんです。役者も人間ですから、いろんなことがあるし、流される時もあるんですよ。でも、他の役者さんたちとは信念が違うと思うので、若い時にご一緒させていただけていれば、監督もスタッフも含めて、もっと大きな化学反応を起こせていたかもしれないし、早くから面白い世界が広がっていたのかもなぁと思います。ただ、それは未来の楽しみとしても取っておけますからね。まだこの歳になってもそういう楽しみが増えているというのは、有難いなと思います。あとオダギリさんには、役者としてだけでなく監督業や好きな音楽だったり、表現されているものを見て「そうそう、その感覚、分かる！」という瞬間が、共演する前から何回もあったんです。で、数年前に共演してみて感じたのは、確信でした。やっぱりそうだったんだっていう。俳優は芝居をする職業ですけど、心を現場に持って来られる方は、実はそう多くないように思うんですね。でも、きっちり心をその現場に持って来られていた。何も言わなくてもお芝居をしている姿、佇み方を見ているだけで、こっちにぐっと伝わるものがあるんです。

――オダギリさんは永瀬さんについて、いかがですか？

オダギリ　なんかもう、とても嬉しいです。今お話いただいた仕事の選び方に関しては特に、永瀬さんから影響を受けていると思うんですよ。僕は学生の頃から出演作を拝見していて、その姿勢から強いこだわりを感じていましたし、「俳優さんってこうあるべきなんだな」という感覚を漠然と持つことができました。あの頃からすでに、永瀬さんこそ唯一無二の存在だったし、永瀬さんの出現によって、俳優の新しいカテゴリーが生まれたのは確かだと思いますね。そして僕もご多分に漏れず、永瀬さんのスタイルに刺激を受けた結果、自分のスタイルを確立していった1人なので、そんな先輩からの言葉は本当に嬉しいですね。

――永瀬さんとしっかりお芝居をされてから、どんな新しい発見がありましたか？

オダギリ　永瀬さんはいつでも謙虚で丁寧で、なんて言うんですかね……人間力があってのお芝居なんだなということが明確に伝わりました。スタッフもキャストも分け隔てなく大切にされていて、とにかく現場での佇まいが素敵なんです。俳優の佇まいって、人間性はもちろん、作品に対しての誠意や姿勢が見えるものなんですよ。永瀬さんの佇まいから学ぶことはとても多かったです。

――永瀬さんは『オリバーな犬、(Gosh!!)このヤロウ』の脚本を読まれてどういう印象を受けましたか?

永瀬　いやぁ、僕は前作の映画『ある船頭の話』に呼んでいただいて、世界観にいたく感激をしまして。それでまたお声を掛けていただいたのが嬉しくて、読んだらね、もう全然違うの(笑)。なんか、最初は台本を机に置いて読んでいたのに、途中から手で持ち上げてしまうくらい熱中して、久々に身体が上がるというかすごくウキウキしたんです。とんでもない振り幅だなと思いつつ、もっとオダギリさんに興味が湧きました。この人の中にはどういう世界がまだあるんだろうって。脚本を読んで最初に思ったのは、「これはみんな驚くぜ」と。物凄い刺激を世の中に注入しちゃうと思います。僕は田舎出身なので、自分が10代の頃はテレビから流れてくる映像の刺激は強かったんですよ。この作品はもっと大きな刺激があるから、いろんな人が色々な心の突かれ方をするでしょうね。それでとにかく楽しみになったのと、「どうやって撮るんだろう?」という部分もありました(笑)。この方がこの配役だと決まって、それぞれ癖のある役者が集まっていて。みんな、ワクワクしながら現場に来たんだと思います。役者がただ単に監督をする、それで人気者を集めるということじゃ全然ない。この人がこの役をやったらどうだろう?という可能性を見出している、監督として鋭い目を持っているんだなと、すごく感じました。

――先日オダギリさんにご取材させていただいた際に、当て書きとはちょっと違うけれど、演じる方を考えて役を作っているとおっしゃっていたことと繋がります。永瀬さんは、オダギリさんがどういうものを大切にする監督だと思われていますか?

永瀬　なんて言うんでしょう。俳優としてはもちろんですが、ちゃんと監督として素晴らしいんです。俳優って芝居がどれだけ辛いとか楽しいとか関係なく、作品に圧倒されることがあるんですけど、『ある船頭の話』の時に、「これは絶対に良い作品になる、すごいものが生まれちゃうかも」とずっと現場で思っていたんですね。で、案の定、出来上がりを拝見した時にも同じ感想を持てた。それは、今作の『オリバー』についてもそうなんです。本当はご本人へお伝えするだけに留めておこうかなと思ったんですけど……先ほどの当て書きの話や、作品のこの振り幅の大きさって、僕が経験させていただいた監督の中だと、ジム・ジャームッシュみたいなんですよ。ジャームッシュも演者をイメージしながら脚本を書いていたり、脱獄ものからゾンビものの作品まで多ジャンルですよね。それをオダギリさんがマネしているということではなくて、作家としてのイズムやブシがちゃんとあるということ。どの作品にも根底に繋がっている、オリジナリティをちゃんと感じられるんです、ジムと一緒で。事務所の方に怒られるかもしれないけど(笑)、年に1本ぐらいのペースで監督業もぜひやってもらって、下の世代にも刺激を与え続けて欲しいです。あと、メイド・イン・ジャパンという形で世界に行ける監督だと思っています。

僕にとってのキー・パーソンというか恩人が、映画界はジャームッシュで、放送界ではオダギリさん（永瀬）

――本当に、作品の振り幅が物凄く大きいのに、どの作品もオダギリさんの作風をちゃんと感じられると思うんです。監督としては、今の永瀬さんのお話をお聞きになって、どう思われましたか？

オダギリ いやいや、もう恐縮過ぎて……やりたいことをやらせていただけている、ということなのかなと思います。今のお話は、永瀬さんから以前メールでいただいたんですよ。なんか読んだ時に、頭が真っ白になって泣きそうでした（笑）。僕は監督の中でも、ジャームッシュが昔から一番好きでしたし、ジャームッシュの隣で同じ時間を過ごした永瀬さんから、そんな言葉をいただいて、もうパニクりながらも本当に嬉しかったです。ジャームッシュのどんなところに憧れを感じるのか、少し冷静に考えてみると、自分に嘘をついてないところなんだろうなと思うんです。きっと、やりたいことが湧き上がるまでは何年も撮らないタイプだろうし、映画に対する理想や自分の作りたいものがはっきりしているから、彼にしか撮れない映画が撮れるんだと思うんです。自分もそういう部分ではジャームッシュから強く影響を受けているので、やっぱりこれからも頼まれ仕事に振り回されず（笑）、信念は強く持ち続けなきゃダメだと思いますね。

――オダギリさんは、どういう想いで今回の配役に永瀬さんを起用されたのでしょうか？

オダギリ　先ほど永瀬さんにもおっしゃっていただいたんですけど、『ある船頭の話』の時に「絶対に良い作品になるよ」って、事あるごとに言っていただいていたんですよ。自分としては初めての長編映画で、ストレスやプレッシャーの中、本質を見失いかけることもあったと思うんですが、そんな時に、永瀬さんが励ましてくれたことで何度も踏み止まれて。僕にとって永瀬さんは天使のような存在だったんです（笑）。永瀬さんのお陰で、妥協することなく最後まで戦えた想いがあったので、今回も早い段階から参加してもらいたい気持ちがありました。永瀬さんには物語の縦軸に絡みながらも、いくつもの横軸に関わっている第2の主役としての役割をお願いしたいと思っていました。

――撮影自体は去年の秋頃ということで、コロナ禍での撮影でご苦労もあったと思います。読者の皆さんも大変な想いをしている方がいると思うので、こんな時だからこそ、お2人は俳優人生の中で壁を感じた時に、どのようなものを糧にして乗り越えてきたのかもお伺いしたいです。

永瀬 僕らの上のジェネレーションの先輩たちは、あまりにもすごい作品をいっぱい作っていて、革新的な内容であったり、それこそチャレンジしながらやっていた映画が山ほどあるんです。僕は83年がデビューなんですけど、90年代にかけての数年間は結構辛い時期だったんですよね。映画界の、シフトが変わっていっている時代だったというか。やりたい企画があってもなかなか通らないし、素晴らしい監督なのに10年近く撮れていない人もたくさんいらして。で、90年代に入るちょっと前ぐらいですかね、今はミニ・シアターと言われていますけど、当時は単館系と呼ばれる映画館が出てきた。小さいキャパだし、当時は「すぐダメになるよ」みたいな言われ方をしていたんです。でも、そこでジャームッシュやヴィム・ヴェンダースみたいな海外の監督作品だったり、こだわりを貫いて何とか作っている若手たちの作品を徐々に観られるようになって、お客さんも劇場に足を運ぶようになり、変わっていったんですね。そこまでの狭間の5年間ぐらい、僕は映画をやれなかった時期があって、結構沸々としていました。でもね、なんかその時はその時で、状況を楽しむようにしていて。映画をずっと信じていたし、また作品に呼んでもらえるような役者になるにはどうしたら良いのか？と考えていました。もう、めちゃめちゃ暇で時間だけはあるので、当時は3本立ての名画座にずっといて、いっぱい映画を観てもっと好きになったし、救われたんですよね。妙な自信はあって、絶対に映画は大丈夫だって信じていた時に、映画界に呼び戻してくれたのがジャームッシュだったんです。彼の映画を観ては、またいつか映画に戻るぞと思って、諦めなかったら想いが通じた。そして今回の『オリバー』は、地上波の単発ではない連続ドラマでは、19年振りくらいの出演作品になりまして、テレビ界に呼び戻してくれたのがオダギリさんなんですよ。

オダギリ 呼び戻したというより、よく引き受けてくださったという感覚です（笑）。

永瀬 （笑）僕にとってのキー・パーソンというか恩人が、映画界はジャームッシュで、放送界ではオダギリさん。

似ているなと思った2人に救ってもらった感じがするんです。信じていれば、きっとね。先に折れちゃったり、腐っちゃったり、諦めちゃうよりは、その状況を楽しんで、「明日は、来年は良いことがあるかもしれない」と思いながら生きた方が、精神的にも良いと思うんですよね。

オダギリ そんな風に言っていただいて有り難過ぎますし……もう僕は言うことがないです……だってベスト・アンサーじゃないですか（笑）。ちょっと角度を変えた質問にしてもらっても良いですか？

――では、監督業をする上での気持ちとして、作品を観て嫉妬心を覚えるような、映画監督はいますか？　先日のご取材で小誌前号をご覧になって、掲載されていた西川美和監督の作品にはどこか嫉妬してしまうとお聞きしました。嫉妬心をお持ちになることもあるのだと、少し意外な想いもありまして。

オダギリ いやぁ、西川さんは唯一かもしれないですね。ほぼ同年代で、僕は岡山県出身なんですけど、西川さんは広島県なんです。同じ時代に割と近い場所で育ったはずなのに、何でこんなに才能が違うんだろうっていう悔しさが、確かにあるんですよね。俳優として映画『ゆれる』で出会って、当時はこの素晴らしい脚本に今の100%の力を注ぎたい、という純粋な気持ちだったんですけど、どこかでこの脚本を書ける才能に嫉妬をしている自分がいたんです。でも自分は脚本家や映画監督として生きていく自信もない、ライバルとも本当は言えない立場にあるくせに、あの脚本力に嫉妬する他なかったんです……。西川さんに勝ちたいという気持ちはないんですが、でもいつか追い付きたいとは思ってしまうんですよね。

永瀬 今の話、すごく分かります。ちょっと目線は違うけど、僕は相米慎二監督にずっとそういう気持ちがあって、永遠に嫉妬しています。相米さんだったら、このシーンは何も台詞がなくてもただ雨が降っただけで表現できるのに、それを現場でどう説明しても僕の実力不足で伝えられないこともある。台詞をなしにして僕が佇むだけじゃ、まだ説得力が足りない。相米さんは師匠でもあるから特別な存在だと感じているし、相米さんの映画をまだまだ超えられていない自分が余計に悔しい気持ちになっちゃうのかもしれないですね。

Now Printing

『オリバーな犬、(Gosh!!) このヤロウ』
脚本・演出／オダギリ ジョー
出演／池松壮亮、永瀬正敏、麻生久美子、本田 翼、岡山天音、玉城ティナ、くっきー！(野性爆弾)／永山瑛太／染谷将太、仲野太賀、佐久間由衣、坂井真紀、葛山信吾、火野正平、村上 淳、嶋田久作、甲本雅裕、鈴木慶一／國村 隼／細野晴臣、渋川清彦、我修院達也、宇野祥平／松重 豊、柄本 明、橋爪 功、佐藤浩市、他
9月17日、24日、10月1日、金曜夜10時より〈NHK総合〉にて放送(全3回)

沢口靖子

撮影　宮下祐介　スタイリング　竹上奈実
ヘア&メイクアップ　黒田啓蔵（Ｉｒｉｓ）　文　上野綾子

挑戦という言葉を聞いて思うのは
――私は「ステップ・バイ・ステッ
プ」という言葉をずっと心に留めて
いるんです。

TVドラマ・シリーズがなんと20作。時間にして20年以上もの間続いてきたドラマ『科捜研の女』〈テレビ朝日〉系。親から子へ、世代を超えてファンを増やしてきた本シリーズが遂に映画になる。沢口靖子は作品の顔でもある、主人公・榊 マリコを演じ続けてきた。科捜研の法医研究員である彼女は、真実のために些細なことも徹底して調べ上げ、科学に対する熱のある姿勢が魅力的に映る。どこかフラットながらも、こんなにも長い間マリコという人物を追求し続けた沢口の姿は、マリコのそれと同じとも言えるだろう。その時々のシリーズを丹念に継いでいくこと、そして時間による物事の変化を恐れないことも、沢口をマリコたらしめた要素の1つだと思う。沢口はワイヤー・アクションにも挑戦。キャストやロケーション、扱っているテーマなど、大きく、より丁寧に展開されるスクリーンならではの奥行きを、じっくりと体感してみてほしい。

ドラマ・シリーズでは、いつも最初に事件が起きてしまうので（笑）。劇場版では、彼女の細かい変化みたいなものをしっかり見せられたら良いなと思っています

――『科捜研の女 ‐劇場版‐』は、ドラマからさらにパワーアップしていて。どこをとっても壮大な作品に仕上がっていました。

沢口 そうですよね。劇場版として『科捜研の女』の新たな世界観が誕生したと、手応えを感じました。ドラマの時にはあまり表現できなかった、レギュラーで登場しているキャラクターの私生活の部分が垣間見えたりもしていて。また、これまでのシリーズのキャラクターたちもたくさん出てくださり、作品全体の盛り上がりを感じました。

――科捜研の皆さんの実際の動き、捜査の様子もかなり細かなところまで描写されていて。たっぷりと見せていただけるのは劇場版だからこそでもあるのかなと。

沢口 『科捜研の女』では、鑑定シーンというのも見せ場の1つなんですね。鑑定機器は、京都の〈島津製作所〉から、最新のものをお借りしているんです。もちろん実際に使われているものです。物証を最新の機器で分析し犯人に辿り着くという作業は、このドラマにおいて、科学の重要性とリアリティをもたらしてくれていると思います。私も触れてみて、機器も毎年進化をして精密になってきているなと感じましたね。『科捜研の女』にはシリーズ助監督というポジションの方がいらして、複雑な機器の扱いについては、きっちりと下調べをされ、場合によっては専門家の方にレクチャーを受けて、俳優に指導をしてくださっているんですよ。

――どういう手順で何が明らかになるのか、普段はなかなか見られない裏側を見ることができ、新たに興味が

湧くところもありました。沢口さんは、榊 マリコという今やアイコンとも言える女性を長い年月演じてこられました。マリコ自身の成長や、科学との向き合い方などの側面もシリーズを追うごとの見所だと思うのですが、どのような変化をこれまで意識されてきましたか？

沢口 私自身、回を重ねるにつれて、脚本をどんどん深く読み込んでいくようになりましたし、マリコと共に年を経ているような感じはあります。変化については、私から特に意識して何かを見せるということはないのですが、脚本を通じて、科学一辺倒だったマリコが大人に、そして女性としても成長してきたなと感じられるようになりましたね。

――劇場版となると、また違った視点から彼女を考えることになりましたか？

沢口 基本的にはドラマ・シリーズの延長として人物像はイメージしていました。ただ、今回脚本を読んだ時に、これまでの20シリーズで関わってきたいろんな方が出てくださるので、マリコの中の歴史――そういう方と再会した時の表情の変化など、そこで生まれるままのものが出せたらとは思いました。ドラマ・シリーズでは、いつも最初に事件が起きてしまうので（笑）、事件を追うばかりになるのですが……。劇場版では、彼女の細かい変化みたいなものをしっかり見せられたら良いなと思っていましたね。

――現場でのお芝居のやり取りなどから、過去のシリーズ当時のことが蘇ってきたりしましたか？

沢口 そうですね、何でしょう、すごく懐かしくって嬉しくって。ある一時期の苦楽を共にした友人と出会ったような。空いていた時間が、一瞬にして縮まって打ち解けましたね。久しぶりにご登場された方々も、『科捜研の女』の世界にスッと戻っておられた気がします。長田（成哉）くん演じる、元科捜研メンバーの相馬くんとのシーンは（カナダの科学捜査センター勤務という設定のため）モニター越しの会話でしたので、設定上は会えないんですけど、撮影時にモニター越しのお芝居の相手をするためにスタジオに来てくれたんです。彼が元々いたお部屋と机はセットにそのまま残っていたので、長田くんがそこにいると、なんかすごーく馴染んじゃっていて（笑）。レギュラー・メンバーのような感じでいるので、思わず笑っちゃいました。

――想像してしまいました（笑）。チームは若手からヴェテランまで幅広い顔ぶれで。今の体制になって5年ほど様々な事件を解決してきた仲間ですが、沢口さんはチームをどう見られていますか？

沢口 作中もそうですが、実際も緩急両方の味を兼ね備えた、息の合ったチームだなと感じます。（涌田亜美役の）山本ひかるちゃんと（橋口呂太役の）渡部 秀くんは、若いですがすごくしっかりしていて、私が知らないことを教えてくれたりもして（笑）。ファミリーに近いものを感じますね。

――今作を「これまでに登ったことのない険しい山」と表されていましたが、未体験の高さでワイヤーに吊られてお芝居をされたと伺いました。長回しカットも多いように感じまして、お言葉通り、挑戦と呼べるような出来事が多かったのかなと。

沢口 そうなんです。ワイヤーで吊ってのシーンは、あくまでもお芝居をする上で求められたものだったので、そこまで「挑戦！」とは思っていなかったのですが、4mもの高さに吊られましたので、細胞が震えているようでした（笑）。どんなことでもまずは取り組んでみるという姿勢は常に持ち続けていたいですね。挑戦という言葉を聞いて思うのは――私は「ステップ・バイ・ステップ」という言葉をずっと心に留めているんです。中学生の頃、英語の授業が始まる前に単語のテストが必ずありまして。その練習ノートの表紙に、先生から言われて書いたものでした。「一歩一歩着実に」というのは、不器用な私の性分にもあっているなぁと感じ、そこから支えのような言葉になっています。

――そうだったのですね。劇場版という今作は、1つの大きな節目になったのではと思います。公開される前である今、作品のことを振り返ると、どういう想いが強いでしょうか。

沢口　1つの作品を20シリーズも続けられたこと、そして映画化までできたことは、やはり応援してくださった皆様のおかげですから、感謝の気持ちでいっぱいです。私がこの作品に出会ったのは30代半ばの時ですが、こんなに長く愛される作品に出会えたことは、俳優としてとても幸せなことだと常々思っています。『科捜研の女』は科学をテーマにしていますから、その科学の進歩がこの作品にも大きな影響を与えていて、より続けられているのだと思いますね。

©2021『科捜研の女 - 劇場版 -』製作委員会
『科捜研の女 - 劇場版 -』
監督／兼﨑涼介
出演／沢口靖子、内藤剛志、佐々木蔵之介、若村麻由美、風間トオル、金田明夫、斉藤 暁、佐津川愛美、渡部 秀、山本ひかる、石井一彰、他
9月3日より全国公開

仲村トオル

撮影　久富健太郎（SPUTNIK）　スタイリング　中川原寛（CaNN）
ヘア&メイクアップ　宮本盛満　文　松坂愛

今、自分が「なぜポジティヴ・シンキングできるか？と言うと鈍感だからです」という感じがあるんです。「気にしてもしょうがないな」と思えているというか。経験として気にして良い方向に行ったことがないんです約1年前、世の中が変容して以降、久々に舞台を観に少し緊張しながら会場へと向かったのが、仲村トオルが出演したケムリ研究室（劇作家・演出家のケラリーノ・サンドロヴィッチ【以下、KERA】と女優の緒川たまきが立ち上げたユニット）の旗揚げ公演『ベイジルタウンの女神』だった。最初の心持ちから一転、ドタバタなコメディ展開に気持ちが和み、演劇そのものの面白さまでとことん感じられたのが記憶に残っている。だから、ケムリ研究室の第2回公演の『砂の女』で、再び仲村が出演することが嬉しい。本作の原作は安部公房の小説。ある砂丘へ昆虫採集に出かけた男が、砂穴の底に埋もれる一軒家に住むある女と関わることで、とめどない砂に埋もれゆく家に閉じ込められるという内容だ。男は脱出を試みるが幾度も失敗し、諦めた後、かすかな光を見出していく。どこか今の社会と通ずるような作品がどう舞台化されるのか。今の心境を仲村に訊いた。

自分の存在とか力の小ささを自覚するというのは、精神的には少しラクになるというところがあって

――ケムリ研究室という演劇ユニットにはどんな特性があると思いますか？

仲村　最初に、そのネーミングだけを聞いた時は、タバコの煙のことかなとか、たき火のように燃えさかるところからたちのぼる煙かなと想像しましたが。いずれにしても形がハッキリしないもの、1つの形としてとどまらないものについて考えるというのは、KERAさんらしいなと思いました。その後、いつ頃からだったか定かではないのですが、「火のないところに煙は立たないと言うけど、煙のあるところには必ず火がある、熱があるんだ」と感じて。KERAさんと緒川さんの場合は、情熱的とか燃えているとか、そういう雰囲気を普段から表に出してはいないんですけど、でもお2人の中には、間違いなく熱源というか、炎があるからこそそのケムリ研究室なんだろうなと思うようになりました。

――『ベイジルタウンの女神』を観させていただいたのですが、その時に抱いたものは情熱という言葉がすごく似合うように感じます。その旗揚げ公演の時はどのような気持ちが湧き上がってきましたか？　大変な状況の中での公演だったと思うんですけども。

仲村　KERAさんは、その時点でご自身の演出作品が2つ中止になっていたので、稽古場ももちろんいろんな対策をおこなっていましたし、関わる役者、スタッフの人たちもみなさんすごく気を付けていたと思います。僕は去年のあの稽古場のことは、よく〝ほふく前進〟をしているような気分だったと言うんですけど。コロナという敵に見付からないように、精いっぱい低い姿勢で何とか毎日少しずつ前に進もうと思ってやっていて。それこそ稽古場で「PCR検査の結果、全員陰性でした」と発表になった時は、思わずガッツポーズをしました。で、劇場に入ることができて、

初日のカーテンコールの拍手の音を聞いている時、隣にいた水野美紀ちゃんが「ヤバい、泣きそうだ。ヤバい、ヤバい」と呟いているのを聞いて、「俺もまったくそうなんだけど」と思ったりして。あの状況の中でも劇場に来てくれたお客さんへの感謝と、初日を迎えられたという感動もあったし、あとは「拍手ってこんなに嬉しいものなんだ」と改めて感じられたりもしました。開演前は50％のお客さんという客席を見た時にひるむんじゃないかとか、へこむんじゃないかとか思っていたんですけど。そういうことより、拍手もいつもの3倍ぐらいのヴォリュームに感じられて、いろんなことを思い出したり、気付けたりしてとても良い経験だったというか。「それでもコロナがなかった方がいいんだけどね」と思ったり、「でも、あったから気付いたこと、思い出したことも多いのかな」とも思ったり、そういうような気持ちでいました。

――そこから早くも第2回公演として、『砂の女』の上演が決まって。安部公房の代表作を原作として舞台化すると知った時は、どのようなことを感じましたか？

仲村　それこそ『ベイジルタウンの女神』よりも早い時期に、「『砂の女』をやりたいんだけど、緒川さんとトオルくんでどうだろう」とKERAさんからお話があったんです。恥ずかしながら、僕はその時、原作も読んでいなければ映画も観ていなかったんです。ストーリーすら分かっていなくて。でも、KERAさんが演出で、緒川さんとご一緒した作品は、今までほとんどが楽しかったんですね。苦しかったのも1つ、2つありますけど、それも良い経験になっているので、きっとまた自分にとって重要な経験になるだろう、楽しいことになるだろうくらいの気持ちでした。だから最初は、「やります、やります」と、まさに安請け合いみたいな感じでしたけど、そこから原作を読んで「これはなかなか難しいぞ」と思いました。読み進めていくうちに、「これをやるのかぁ」と。「もうなんかジャリジャリするな、口の中が」と思いながら読んでいました。

――すでに読みながら口の中がジャリジャリしていたのですね（笑）。仲村さんは以前、ＫＥＲＡさんの作品での役柄の共通点を言うとしたならば、「目の前のことしか見えていない人物」とおっしゃっていて。今回演じる男もそうなのかなと思いました。男が気付いた時には、とめどない砂に埋もれゆく家に閉じ込められている、という内容でもあるので。

仲村　ああ、そう言われると確かにそういう部分はあるかもしれないですね。ＫＥＲＡさんと緒川さんの『砂の女』のトーク・イヴェントを配信で観たんですけど。そこでＫＥＲＡさんが今まで僕にやってと言ってくれた役について、「主に『本人だけが分かっていない男』」という言葉で括っていて。周りは意地悪や悪意を持って彼にそれを言っているのに、彼だけがそれを善意だと思って耳を傾けているみたいな。『黴菌』も『グッドバイ』も、『ベイジルタウンの女神』もちょっとそうでしたけど、確かに『砂の女』の男もそういうところがあって。やはり目の前だけを見ているというか。虫を追い掛けて辿り着いてしまった海の近くの村で１泊して。その結果、半ば囚われの身というか、そこから出ていけなくなってしまうという、長い目で何かを見ていない感じはしますね。ただ、ＫＥＲＡさんは、そのトーク・イヴェントで「トオルくんには今まで、お客さんも共演者もみんなが分かっていることを彼だけが分かっていない男を演じてもらってきたけれど、今回の『砂の女』はそうはいかないから」とおっしゃったんですよ。

――そうだったんですね。いつものようにはいかないと。

仲村　ええ。お客さんは僕が演じる男と共に、砂丘のような村で20メートルもの砂の壁に囲まれた場所というか、谷底の最も底に暮らす女がいるということを知り、そして自分が置かれている状況に少しずつ気付いていくという。今まで僕が担ってきたＫＥＲＡさんの作品の役とは、だいぶ違うというようなニュアンスのことをおっしゃっていたんですけど。それでも共通点がなくはないと思います。もう１つ言うなら――それもＫＥＲＡさんの演出だったんですけど、別役 実さんの本で『夕空はれて～よくかきくうきゃく～』という舞台をやったのですが。あの時は少しずつ状況が分からないことを体感していくような感じだったんですけど、どこか今回と共通点があるなと。だから今までと逆方向かというと、そうでもないかもしれないなという気もしています。

――現段階での役の手掛かりとなるのは、そういうKERAさんから出てくる言葉が大きかったりするのですか？

仲村 そうなんですけど、それが手掛かりだと思っていると大間違いだったということも可能性としてはなくはないので、あまりガッチリとは役について握らないようにしています。でも今のところ、これはそんなにはズレていないんじゃないかなと思っているのは――KERAさん、いや、緒川さんが言っていたのかな？「失踪願望のようなものがある男なのではないか」ということ。男は自分が働いている職場や、住んでいるコミュニティみたいなところから解放されたい。職業とか、人間関係、立場、最終的には名前といった情報からも、解き放たれたいというようなところがあるのかもって。原作の最後にもあるように、何年間もどこにいるか分からない人は失踪宣告の申立てが受理されて、死んだということになるという。肉体は持ち続けていながら名前も過去もなくして生き続けることを願う、そうなりたいなと思っている人たちが、世の中には少なからずいるのではないかと思うんです。僕自身はそういう願望はないんですけど。そういう人たちは、切り離されることで、なかなか気持ちの良い開放感を得たりするのでは、というのは何となく今、見えている『砂の女』の男の方向性というか、気持ちの流れていき方という気がしています。

――もし、仲村さんご自身が閉鎖的な空間に閉じ込められたとしたら、どう行動すると思いますか？

仲村 脱出の難易度にもよると思うんですけど、「これは無理だ」と感じたら、適応しようと思ったりするような気がします。僕、原作を読んでいて「あ、自分もそうかも」と思ったところがあって。それが逃げ出せないと思った男が伝書鳩の代わりになるようなカラスを捕まえようとして罠を仕掛けるんですけど、その罠に「希望」と名前を付けて呼ぶところで。なんか、ちょっと笑っちゃいましたけど、もし同じような状況で同じようなプロセスを経たら、自分も同じような悪あがきをしていたんじゃないかなと。そして「この罠の名前を希望と名付けよう」というのも、自分もやりそうだなと思ったところです。

――この男について考えていた時、ふと以前、仲村さんから伺った20代後半にドキュメンタリーの仕事でパキスタンに行かれたという話を思い出して。山の中をただずっとひたすら歩いていく中で、自分というものの小ささを思い知ることができたとおっしゃっていて。どんな厳しい状況にいたとしても、ほんの少し何かを見出せた時って、人の思考が変わる瞬間なのかなと思ったりしていました。

仲村 そこを繋げて考えたことはなかったですけど――例えば『砂の女』の男は、砂の壁を自力では登れないんですよね。そうやって自分の存在とか力の小ささを自覚するというのは、瞬間的にはガッカリするかもしれないんですけど、精神的には少しラクになるというところがあって。もしかすると、そういう部分は「ああ、確かに似ているかな」と今ちょっと思いました。

――1つひとつにガッカリすると精神的に厳しいものがありますけど、何かあっても「じゃあ、こうすれば」と適応していく、何事もポジティヴな方向に考えられるところが仲村さんの魅力的なところでもあって。

仲村 「最初から僕はそれができていました」ということではないような気がするんですけど――この間まで撮影していたバッティング・センターを舞台にしたドラマ（『八月は夜のバッティングセンターで。』〈テレビ東京〉系）で、毎回ゲストにレジェンドと呼ばれるようなベースボール・プレイヤーの方たちが出てくださったんです。撮影現場ではちょっと雑談もして、本当に良い言葉をいっぱいいただいたんですけど。あるピッチャーの方が「マウンドに登った後に、打たれたらどうしようとか負けたらどうしようと考えることは全然役に立たない思考なので、まったく考えないです」とおっしゃられていて。僕も「失敗したらどうしよう」とか、「評判が悪かったらどうしよう」と考えてやって失敗したり、評判が悪かった経験があるので、ポジティヴに考える方に行けるというか。これは、少しずつ身に付いたことなのかなとも思いますけど。それと最近よく自覚するのは、自分の鈍感力ですね。それこそ20代の頃は「悲しい話は悲しい現場で生まれるべきだ」くらいに思っていて。そういう現場でエキストラさんが冗談を言って笑っているのに、いちいちイラついていたりした時期もあるんですけど。今はそういう感覚は全然なくなりました。気にならなくなったというよりは、「気にしても良い方の力にならないじゃん、そんなの」と。鈍感力をとてもよく感じるのは食べ物と寝る場所においてもそうで。

――どこでも寝られるという?

仲村 そうですね。食べ物もまずいと感じることがほとんどなくて。何かに対して否定的に受け止めることで、もし、何か良くなることがあるんだったら否定してみたいと思うんですけど。そういうことはほとんどないんじゃないかと思っていて。だから今、自分が「なぜポジティヴ・シンキングできるか?と言うと鈍感だからです」という感じがあるんです。「気にしてもしょうがないな」と思えているというか。経験として、気にして良い方向に行ったことがなかったんですよね。結果、今そう考えられるところにいるという。ただ、ここがゴールだとは全然思っていなくて。「悲劇は悲しい悲劇的な現場から生まれるべきだよ」とまた言い始める時期が来るかもなあ、その可能性もゼロじゃないなとは思っていますけどね。

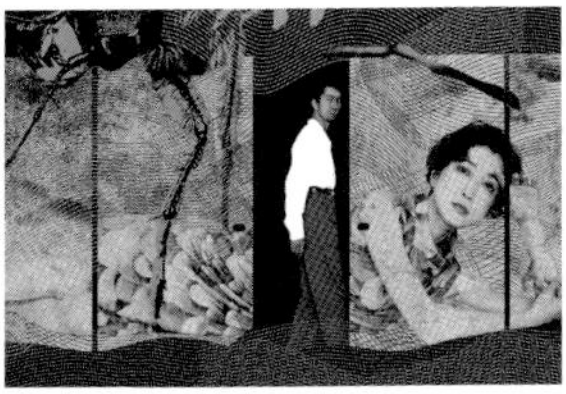

ケムリ研究室 no.2『砂の女』
原作／安部公房『砂の女』〈新潮社〉
上演台本・演出／ケラリーノ・サンドロヴィッチ
出演／緒川たまき、仲村トオル、オクイシュージ、武谷公雄、吉増裕士、廣川三憲
8月22日より9月5日まで〈シアタートラム〉にて、9月9日より9月10日まで〈兵庫県立芸術文化センター 阪急 中ホール〉にて上演予定

BORN IN 1965 ～ 1966 guest

仲村トオル

撮影　久富健太郎（SPUTNIK）　スタイリング　中川原寛（CaNN）
ヘア&メイクアップ　宮本盛満　対話　山崎二郎

自分の中から不安や危機感みたいなものが完全に消え去ったことはこれまでに一度もなかったような気がします

僕と同じ1965年度学年の方を招いて同級生話をするコーナー。今回は、俳優の仲村トオル。大学2年生の1985年、映画『ビー・バップ・ハイスクール』主演オーディションでデビュー。翌1986年、テレビ・ドラマ『あぶない刑事』で人気を不動のものに。20代のシャープネスから、30、40代を経て、50代の今、他にいない存在感を放つ俳優でいることは誰もが知るところ。今回、8月22日開幕の舞台「ケムリ研究室no.2『砂の女』」に出演するタイミングで、念願のトークが実現した。

山崎 中学、高校時代、部活って何かやられていたんですか？

仲村 ちょうど『八月は夜のバッティングセンターで。』というドラマの取材で、この頃の話をすることが多かったのですが、中学3年までは野球をやっていました。夏の大会が終わったところで、「自分にはプロ野球選手になれる才能はないな」と諦めてしまったんです。そこからは半年くらいで、坂道を転げ落ちるように成績も落ちて、第一志望から2ランクくらい落とした高校にも入れず、今思えば、高校時代は自信のない人間でしたね。当時、自分はダメな人間だと思っていました。

山崎 大変僭越ですけども、僕の高校時代もそれに近くて、埼玉県で一番偏差値の低い高校にしか受からなくて。高校3年間何もせずに、暗い時代を過ごしていました。

仲村 僕も高校時代は部活にも入らず、グレる気合もなく、ずっと曇り空の下をぼんやりと歩いていたような感じでした。同郷で同学年に小宮山 悟さんがいるんですが、高校で野球をやっていた友人に言わせると、「高校時代の小宮山はそんなに凄くなかったよ」と。僕は大学の附属校（専修大学松戸高校）に通っていて「何もしないで大学に進めるならそれでいいや」みたいな感じでした。自分と違って、小宮山さんは芝浦工業大学柏高校から二浪してまで早稲田大学に入って。で、早稲田のエースになって、千葉ロッテマリーンズのエースになって、メジャー・リーグにまで行った。「自分が全然頑張っていなかった頃に、ものすごく頑張った人だ」って、小宮山さんをずーっと意識していました。

山崎 やっぱり、同級生って、ジャンルは違っても意識しますもんね。

仲村 しますね。特に僕は野球を諦めた自分はダメだなと思っていたので、野球を頑張って続けている同級生はすごく眩しく見えましたし、俳優の仕事を始めてからも刺激を貰ってきたと思いますね。

山崎 晴れて大学生になった後、華やかな大学カルチャー全盛な時代に相応しい華々しいキャンパス・ライフは送れましたか？

仲村 いえ、入学式の直後に父親が急に倒れて、亡くなってしまったんです。そこで、チャラチャラした大学生になる夢は早くも挫折しました。当時、「(経済的に) これはもう大学に4年間は通えないだろうな」と思っていました。その一方で、「今すぐ社会に出るには何の準備もできていないし、その勇気もない。とりあえず、経済的になるべく家に迷惑をかけないようにしよう」と思って、バイトを色々と始めました。結構サボりましたけど、大学もなんとか通って……。大学1年の時はそんな感じでした。

山崎 なんという……。じゃあ、夢見ていた大学デビューはできなかったんですね。

仲村 全然、全然ですよ。飲み会に誘われても、バイトがあるから、お金がもったいないからという理由でほとんど行っていなかったですし。

山崎 僕も、偏差値38から奇跡的に大学に受かり「デビューするぞ」と意気込んだんですが、軽いノリに合わず挫折し、バイトの日々でした。その後の話を伺いたいんですが、仲村さんは「元々、俳優志望ではなく、たまたまオーディションに応募したことからデビューへの道が開けた」とよく書かれていますが……。

仲村 俳優になれたのは大げさに言えば「運命」だったと思いますし、シンプルに言うなら「偶然」でしたね。大学2年の夏休みに、今は高校教師をしている親友から、吉田拓郎さんの最後のコンサートになると当時言われていた(静岡県掛川市つま恋のコンサートに誘われて、一緒に観に行ったんです。コンサートは夕方に始まって朝まで続き、僕にとってはとても新鮮かつインパクトの強い体験で、ものすごく興奮しました。コンサートが終わって家に帰ろうとすると、友人から「自分は今から富山県の山中で『草刈り十字軍』に参加する」と告げられて。話を聞くと、材木用の樹木がまっすぐ伸びるように下草を刈るアルバイトらしいんですけど、そこで稼いだ金で北海道に行き、北方領土を見てくるという計画らしく。で、駅で別れる際にこう思ったんです。「こいつ、1ヶ月後に戻ってきたら、自分を相手にしてくれないくらい、大きな経験をしてくるんじゃないか?」と。大学1年の時から「このままじゃヤバい。このままじゃヤバい」と思い続けていましたけど、その友達のヴァイタリティに何か焦りみたいなものを感じて。で、その足で求人情報誌を買いに行って、書店で偶然手に取ったテレビ情報誌の片隅に、「『ビー・バップ・ハイスクール』という映画の主人公2人を募集しています」という告知を見付けて、履歴書と写真を送りました。それまで応募してきたバイトと職種は全く異なりましたし、俳優志望でもなかったので、やはりコンサートの興奮や親友の行動に背中を押されたのかな、と。

山崎 オーディション応募に駆り立ててくれた友達に感謝ですね（笑）。

仲村 （笑）そいつにはこのことをずっと言われていますし、「俺の結婚式の披露宴で、その話をしてくれ」と言われ、実際にスピーチしました（笑）。

山崎 デビュー後、いつ頃から「俳優を仕事としてやっていくんだ」という自覚が芽生えたんでしょうか？

仲村 結局、大学は5年かけて卒業できたんですけど、卒業の際に「あぁ、これからは『職業』の欄に『俳優』って書くしかないんだな」とは思いました。時々、人に訊かれて言いますけど、デビュー以降、「よし、俺はこれでやっていけるぞ」と思えた瞬間はなかったんです。

山崎 え！ そうだったんですか？

仲村 どちらかと言うと「今、ここで俳優を辞める訳にはいかないな」、「これよりマシにできることが他にあるかな？ 思い付かないな」とか、何か上手く行かなかった時には「負け戦で撤退する訳にはいかないな」と思ったり。ただ、単純に「俳優の仕事って面白い」と思いましたし、卒業前の時点で、俳優として感動的な瞬間も経験していたので、「できれば、卒業後も俳優を続けていきたい」とは思っていました。ただ、「俳優をずっとやっていけるぞ」という自信はなかったんです。

山崎 そうすると、今日まで確信めいたものはないまま、俳優を続けてこられた訳ですか？

仲村 デビューから20年くらい経ってからですかね。「この仕事は難しそうだけど、これまでやってこられたんだからこれからもできるんじゃないか」みたいに、過去の経験がやや支えになってきたのは。ただ、インタヴューを受ける度に、「確固たる」、「不動の」といった表現をされると、「全然確かでもないし、グラグラですよ」と思っていました。むしろ、そんな風に思ったら危険だという意識があって……。自分が立っている場所が確固たるところだと思ったら危ないから、いつ崩れるか分からない場所に常に立っているような気がしています。

山崎 今でもそうなんですか？

仲村 今でもそうです。ポジティヴに言うなら、「今よりもっと先、高いところに行きたい」ということでしょうし、その一方で、「多くの同業者がいて、この役ができるのは自分以外にもたくさんいるだろうな」とも感じていて。

山崎 やっぱり、いくら実績があっても、今が輝いていないと意味がないですもんね。ちなみに、高校の頃からデビュー前までは暗黒時代だとしても、モテてはいましたよね？

仲村 （笑）いや、モテていたという自覚はなかったです。実家はごく平均的なサラリーマンの家庭で、住宅ローンと子供3人を私立の学校に通わせる学費を払うのにいっぱいいっぱいな状況で。飲み会に行く、流行りのDCブランドの服でお洒落をするような精神的な余裕もなかったですから。女の子とそういう関係になるのは難しいと思っていたというより、そもそも自分に自信がなかったような気がしますね。

山崎 であれば、いきなりの芸能界デビュー即ブレイクで、デビュー前の日常とのギャップが大きかったと思われますが。

仲村 まったくの素人が突然舞台に上げられてスポットライトを浴びて、その現実を自分のことだと認識するまで、そここの時間が掛かったと思います。当時の自分は、よく言えば慎重、悪く言えば臆病だったと思うんですけど「ここでいい気になったら、良くないことが起きる、足元をすくわれる」みたいな感覚もありました。

山崎 そうすると、俳優として生きていくことへの自信が持てた時期ってありましたか？

仲村 例えば、1本目の映画を撮った時に、自分が演じた1カット1カットに対して、監督が「OK！」と言ってくれると、「自分がやったことが認められた、一生懸命にやったことが報われたんだ」という小さな達成感があって。それ以降も、そんな積み重ねがあって、幸いなことに自分の出演作を多くのお客さんが観てくれたという事実もありました。1枚1枚は薄い紙でも、それをちょっとずつ積み重ねて、崩れては積み上げ直してみたいな感じでやってきましたから、自分の中から不安や危機感みたいなものが完全に消え去ったことはこれまでに一度もなかったような気がします。

山崎 現在は、今夏におこなわれるケムリ研究室の舞台『砂の女』の出演準備中の時期ですが、映画やテレビ・ドラマなど映像の仕事をメインに活動されてきた仲村さんにとって、舞台とはどのような存在、位置付けなんでしょうか？

仲村 映像の仕事だけをやっていた期間が18年くらいあって、初舞台はそれ以降でしたけど、舞台は神聖なるもの、聖なる場所と感じていました。『ビー・バップ・ハイスクール』はすごくお客さんが入って、周囲から「よくやった、頑張った」と褒められて、レギュラー出演した最初のドラマ（『あぶない刑事』）も多くの人に観ていただいて。幸いなことに、僕のキャリアはそうした恵まれたところからスタートできましたが、「自分の出演作を観てくださる方はどこにいるんだろう？」みたいな感覚がずっとあったんです。「その人たちに会って、直接作品を渡してみたい」という気持ちがあって、舞台でのキャリアがスタートした感じです。長い間、お客さんの顔が見えない映像の世界で仕事をしてきたからか、初舞台初日のカーテンコールの際には、「僕の出演作品を観てくれていたのはあなた達でしたか！」みたいな感動がありました。

山崎 今回もまた、その感動が味わえるってことですね。

仲村 まだまだ、楽観視できる段階じゃないです。昨年出演した、ケムリ研究室の旗揚げ公演『ベイジルタウンの女神』は（コロナ禍で）今までになかったハードルをいくつも感じて。なんとかクリアできた、と初日のカーテンコールは感極まりましたが、今年もハードルの数は変わらない感じもあり、今はとにかく初日に向かって頑張るのみです。

BIKKE（TOKYO No.1 SOUL SET）

対話&撮影　山崎二郎

俺がやってきたことを受け継いだ誰かのお陰で、形は変わっても、脈々と今の時代に何かの形で残ってるんじゃないかと川辺ヒロシが作る極上のトラックに、渡辺俊美のギターとメロディが加わり、そこにＢＩＫＫＥのポエトリー・リーディングとラップの中間のような言葉が乗るという、30年前のデビュー時も、そして今も、まったくもって他にないスタイルのＴＯＫＹＯ Ｎｏ．１ ＳＯＵＬ ＳＥＴ。デビュー30周年を迎えた今年、８年ぶりのオリジナル・アルバム『ＳＯＵＮＤ ａ ＬＩＶＥ』をリリースした。ロック・バンドが30周年を迎えるというのは、解散して再結成も含めたら、あることはある。が、彼らのような形態でやり続けてきたことが尊いのだ。ＢＩＫＫＥに話を訊いた。

――逢うのも久しぶりですが、今回のアルバムは、アニヴァーサリーっていうことでのリリースですか？

BIKKE　30周年ということもありましたが、ご縁があって、初期にお世話になっていたレーベル〈江戸屋レコード〉のスタッフと再会して「うちのレーベルから出そうよ」みたいな流れでリリースに至った感じです。

――ソウルセットって、デビュー当時から、ガンガンに活動してるスタンスじゃなかったじゃないですか？ だから、すごく変わらない感じがするんですよ。バンドとか、若い頃にツアーを何10本とやって、だんだん活動のペースが緩やかになって、解散して、時間が経って再結成するというのはありますが、ソウルセットの場合、そのパターンには全然当てはまらないなと。

BIKKE　これもソウルセットの特有で、初期の頃からあまり自主性がないんですよ。自分達から進んで「こうしたい」というヴィジョンがあまり出てこないんです。今回のアルバムもご縁ありきだし。

――今回のアルバムで、多くのリスナーにソウルセットのクラシックに出会ってほしいなと。30年前のデビュー当時、ソウルセットのスタイルって唯一無二で、以降もワン&オンリーであり続けたんですよね。これだけヒップホップがメインストリームになったにも関わらず、純然たるフォロワーって出てきてない訳で。

BIKKE　ごく少数の近しい友人達が言うには、きっと自分が気付かないまでも、俺がやってきたことを受け継いだ誰かのお陰で、形は変わっても、脈々と今の時代に何かの形で残っているんじゃないか？って。たまにSNSを見てると、誰かの作品が「この曲、ソウルセットみたい」と評されているのを目の当たりにしたりして。直接、ソウルセットからの影響ではなくても、韻を踏まない僕のリリックのスタイルを誰かが踏襲して、それをまた誰かが受け継ぐみたいな連鎖があって、若い世代にまで伝わったのかなと思って。

――あれだけ極上のトラックが鳴っていれば、どうしてもビートに言葉を乗せたくなるし、韻を踏みたくなりますが、しないっていうところがソウルセットたる所以で（笑）。あと、狙ってこのスタイルになった訳ではないじゃないですか？　成り行きって言うと、語弊がありますが。

ＢＩＫＫＥ　いや、成り行きです（笑）。

――それと、ソウルセットって、まったく「偉そう感」がなくて。これだけキャリアもあって、オリジネイターとしての立ち位置なのにですよ。

ＢＩＫＫＥ　自分の場合、40代がピークだった気がするんです。当時は「大人びていよう、大人っぽくあろう」と意図した気持ちがあったんですが、40代のどこかで突然なくなって。音楽の趣味も、10代に聴いていた頃の感覚に戻りつつあるというか。10代の頃に聴いていた音楽がそのまま好きという訳じゃないんですが、感覚的にそういうものがあるんですよね。ただ、作品として作りたいものは、もう混沌としててほしいんです。あり得ないほど展開が複雑とか。特にここ数年、そうした志向は強くありますね。さらに言うと、どっちかと言えば、言葉よりも音の方が気になるんです。

――それはいつくらいから？

ＢＩＫＫＥ　実はソウルセットをやり始めた当初からで。僕が言葉をやり始めたのは、楽器ができないから音楽が作れないという理由で。「じゃ、俺が音楽に参加できるのは何か？」となると、言葉だったんです。これしかなかったんですよ。「これしかない」の「これ」をとりあえず一生懸命やるということだったんですよ。

――言葉の人・ＢＩＫＫＥが、実は言葉しかできないがために、独自のスタイルができたというのは初耳でした。

Barfout!

旬が過ぎれば飽きられることへの恐れがあって、流行りに興味がないという元来の性格も相まって「流行りには乗らず、普遍的な表現で」というスタイルになったのかなと

――今回収録されている新曲は、最近作った曲ですか？

BIKKE　歌詞は去年の暑い頃に書いたのかな？　録音も去年してという感じですね。

――新曲「LET'S GET DOWN」のリリック、時の経過を感じさせてくれます。

BIKKE　いつも通り、あまり深くは考えていなく。実はアニヴァーサリーも意識していないんです。ありがたいっちゃありがたいんですけど、30周年ということもあり、京都でラジオ番組をやらせてもらっているんですが、スタッフの方が30周年のお祝いコメントをいろんな方から集めてくださっているんですけど、何か申し訳ない気持ちもありつつ。

――ソウルセットのこのスタイルで長くやっているってことが尊いなと。そんなに頻繁にライヴをやる活動スタイルじゃないけど、マイペースながらも、メンバーが集まればいつでも活動できる訳じゃないですか。

BIKKE　なかなか、大変は大変なんですよね。昔に比べたら、ライヴに来てくださる、音源を聴いてくださるリスナーの数とか少なくはなってきているんですよね。ただ、それはもう、そういうものかなという認識で。

――結成当時、メンバー全員が音楽以外の仕事もして、いい意味の片手間感を感じて。「音楽で絶対に成功してやる」みたいなモチヴェーションがある感じじゃなく。

BIKKE　ホント、そうなんですよ。「売れたい」なんて全然思っていなかったですから。ですけど、今思えば、下積み的な時期もあったんですよね。基本、音楽が楽しいという気持ちから始まっているから、その期間を下

積みとも思っていなかったという。クラブでライヴをやって、お客さんがゼロの日とか余裕でありましたし。

――BIKKEの言葉って、流行とか今とか全然関係ないところでリリックを書いているから、今回のアルバムを通して聴いても、初期の曲も普通に言葉が入ってくるんですよ。

BIKKE それは今も同じで、昔から流行は追わなかったし、そもそも、流行に興味がなかったから（笑）。

――本人は無意識かもしれないけど、リリックの中に予言とか啓示的な言葉の使い方があるので、タイムカプセルを開封するが如く、過去の作品の言葉が今にメッセージとして響くのもあるし。作品に普遍性があるってことですよね。

BIKKE もしかしたら「急に売れるとすぐ終わる」みたいな（音楽業界の）ジンクスに恐れを感じていたのかもしれないですね。旬が過ぎれば飽きられることへの恐れがあって、流行りに興味がないという元来の性格も相まって「流行りには乗らず、普遍的な表現で」というスタイルになったのかなと。一方で「何で俺、もっと消費されるようなことをバンバンやってこなかったんだろう？」と思うこともあります。よく「消費されない音楽を作りたい」って言うじゃないですか？　でも、消費されたら、また、どんどん作ればいいだけだと思うんすよね。最新のスタイルにアップデートしていって、バンバン攻めろや！」みたいな（笑）。

〈たった1人の理解者を　そう欲しかったのはそれだけさ〉ということなんですよね

――それは当時、できなかったと思いますよ（笑）。30周年のライヴはどんな予定ですか？

BIKKE 9月に〈渋谷クアトロ〉でやるのと、大阪でも予定しているんですけど、先行き不透明な部分があって。

そうそう、ある時、分かったんですよ。自分がなぜ、音楽をやりたかったのか。新曲の「LET'S GET DOWN」のリリックにも書いたんですけど、〈たった1人の理解者を　そう欲しかったのはそれだけさ〉ということなんですよね、おそらく。それが音楽でできるんじゃないかと思ったんです。両親とも故人だから悪口を言う訳ではないですが、うちはスムーズな親子関係ではなかったんです。自分が親から理解されていないのが分かって家にいるのが窮屈で仕方なくなり、家出をして原宿へ出てきたことがソウルセットの結成に繋がっていくんですが、（自分の創作活動の原点は）そこなんだなと思ったんです。「家の中が居心地悪いなら、居心地がいいところってどこなのか？」ってずっと探していたと思うんです。で、先日、久しぶりに、以前出した詩集『あきれるほどのゆくえ』を読み返してみて思ったのは、1つの歌詞において、ホントに伝えたいことって1行か2行、もしくは3行くらいだなと。というのも、最近、それぞれの歌詞の最重要箇所はどこだったかを洗い出す作業をしてみて、「俺はこれまで、相当大変な感じで、疲れながらもやってきたんだな」と思いましたね。改めて分析すると、「文を書くのが好きではない」ということが如実に歌詞に出てるなと。さらに自己分析をすると、SNSで変なことを言うのも、「こういう風に振る舞えば人が離れていく。ほらね」ということを検証していたんだと思います。多分、子供なんです、すごく。ディズニーランドにハマっているのも、多幸感のあるダンス・ミュージックを作っているのも、ウワーってアガれるからで。だんだん明確にリアルに分かってきたのは、自分ってすごく子供っぽいと思いますし、今後もその中で楽しいと思えることをやるしかないなということです。

『SOUND aLIVE』
TOKYO No.1 SOUL SET
〈EDOYA CORPORATION〉
発売中

CAMPOREE

武田真治

チャンスに恵まれない時期もあったけど、準備を怠る気持ちにならなかったのは、なんらかの出会いがずっとあって、もっと成長しなきゃと思い続けられたからなんです

撮影　後藤倫人（D-CORD）
文　多田メラニー

武田真治は肉体のみならず、心までもしなやかな美しさを持つ人だ。疑心暗鬼を余儀なくされる芸能界に30年に渡り身を置き、酸いも甘いも十二分に味わい得た今もなお、常に謙虚に、そして新鮮さを求めてストイックに努力し続ける。些細なきっかけも大切に育て、自らの手で着実に道を切り拓いてきた。そんな武田にとって好機であり、必然の出会いとも言える作品が、市村正親とダブル・キャストで主演を務める、ミュージカル『オリバー！』。演じるフェイギンは、身寄りのない子供たちにスリの技術を教え、盗みで生計を立てている老人で、孤児のオリバーを言葉巧みに悪の道へと誘う。稽古を控え心身共にフェイギンに入り込もうとする一方で、体得した技術に満足することなく、俳優として更に向上を目指す武田の強固な姿勢には感服するばかりだった。

武田　結局、正解っていくつもないんですよね。1000人、2000人のお客さんになるべく同じ印象を与えたり、翻訳劇を日本人のお客さんにも理解してもらえるような演技となると、やはりある程度は正解があるように思います。だから市村さんの素晴らしいキャリアで得た経験と勘で引き寄せようとしている絶対的正解を、自分も追いかけてみたいという気持ちです。

――貧困や階級に左右される世界で、人々が対等に生きることの難しさや、人間の根本にある優しさ、善悪の境界について考えさせられる作品です。フェイギンも身寄りのない子供を匿うという面では、悪とも言い切れないように思いますし。

武田　フェイギンは1800年代にイギリスに住むユダヤ人。そのバックボーンを観客に感じさせるだけでも難しいでしょうね。そしてどんな境遇であれ子供を使って盗みをさせ、それをピンハネしているだなんて、とても誇れる人生ではないのだけれど、暴力的ではないため、そこは〝勧善懲悪ではない〟というギリギリの一線は守られているのかなと。でもやはり盗みというのは正当化し難い部分でもあります。ただどこか、今の時代に必要な逞しさはあるのかな?と。生きるという選択肢一択で、死ぬ選択肢をテーブルに並べていないだけ、まだ立派かな。我々日本人って、手段を正義の秤で測って、死ぬという選択を割と早々にしてしまう国民性だと思うんです。フェイギンのずる賢くて逞しい感じというのが、この時代を生きる僕も含めた多くの方々にとっても、何かヒントになったらいいですよね。

――劇中のオリバーもそうですが、武田さんに当てはめると市村さんや今回のオーディションで審査された方々だったり、どんな人といつ出会うか?というのは、生きる道を大きく変えるような出来事ですよね。意外と、自分の中でもそういう大切なタイミングって見落としていることもありますし。

武田 確かにそうですね。古い記憶だと『ジュノン・スーパーボーイ・コンテスト』でグランプリをいただいたことや、その会場に〈ホリプロ〉の方がいてくださったことなど、出会いには恵まれていました。運もあると思いますし——チャンスを与える側からしたら、同じくらいの期待値の人間が２人いた時に、与えてから準備する人と、準備しているところに与えるのでは、やはり準備ができている人間に与えるのではないでしょうか。僕はチャンスに恵まれない時期もあったけど、準備を怠る気持ちにならなかったのは、なんらかの出会いがずっとあって、もっと成長しなきゃと思い続けられたからなんです。これまでの出会いに本当に感謝ですね。

—— 今のお話に付随するのですが、武田さんが以前書かれていたという、ご自身を叱咤するような手書きのメモを雑誌で拝見しました。「〜をしない」など、ご自身に何かを課すような言葉が並ぶ中、特に目を引いたのが「いっぱい辛かった」や、「もう楽しんでもいい」というフレーズたちで。がんじがらめになっていたところから、解き放ってあげようというお気持ちが当時はあったのでしょうか？

武田 僕が仕事を始めた30年前の芸能界の労働状況なんて、良くない意味で、今とは比べ物にならないものでした。このまま続けるべきか否か、自問自答していたんですね。その頃に書き殴られたメモを最近見付けたんです。その時期は、まだ20代後半から30代前半で、顎関節症を患って体調を崩していました。体調を整えて肉体を作り直すのも、人から「お！」と驚いてもらえるレヴェルの芸事を何か身に付けるにしても、タイムリミットは近付いているぞという考えがあって。自分を見直した時、それまでもやってきたサックスは、まだちょっと半端だなとか、人前に出るなら体調を整える以上に体を鍛えなきゃとか。これから先は自分にしかできないことを磨いた方が、時代の巡りによっては、また求められる人になるのかなという風に考えるようになっていって。そんな自分を支えるメモ。僕は同世代がまだまだ活躍している時、すごく早い段階で勝手につまずいちゃってフェードアウトしかけたけど、もしかしたら傷が回復する若いうちに最小限の怪我を負っただけで済んだのかなと、今は思いますね。

――現在もお気持ちを整理するために書くことはありますか？

武田　していないですね。今日みたいにインタヴューという形でお話を聞いていただく機会があるので。多分あれは、紙に書き出すという、聞き手のいないカウンセリングだったんだと思います。

――文字にするとダイレクトに脳に入ってくるので、逆に意識し過ぎてしまい、お気持ちが沈んでしまうことはなかったですか？

武田　同時に筋トレも始めたので乗り越えられました。自分から出た言葉としっかり向き合いながら運動をして発散。これがセットじゃないと、書き出しカウンセリングも、ただの自分いじめにしかならなかったかもしれませんね。発散の術としてジョギングと筋トレ、というのは自分の中で決めて、生活に課すようになりました。

――過去のお話やメモ書きの内容などをまとめたものを、先々書籍としても刊行予定と伺いました。武田さんがどのような言葉を紡いでいかれるのか、とても楽しみです。

武田　元々は今年の3月に出す予定でしたが、1月にコロナに感染したので、その経験も踏まえて今一度仕切り直そうかなと思いまして。主な内容はその20年前のメモですがコロナ禍の今思うことも添えるべきかなと。しばしお待ちください。

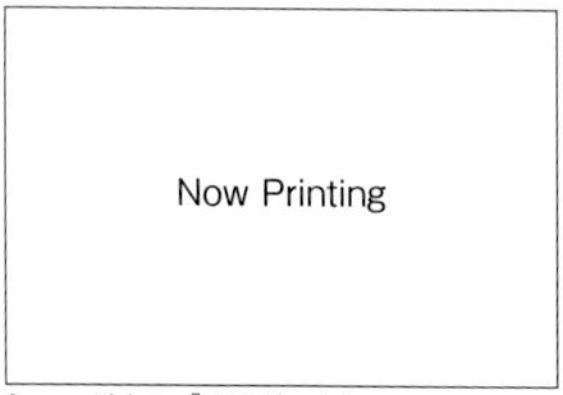

ミュージカル『オリバー！』
脚本・作詞・作曲／ライオネル・バート
原作／『オリバー・ツイスト』チャールズ・ディケンズ
出演／市村正親／武田真治（Wキャスト）、濱田めぐみ／ソニン（Wキャスト）、spi／原慎一郎（Wキャスト）、他
東京のプレビュー公演が9月30日～10月6日、本公演が10月7日～11月7日〈東急シアターオーブ〉にて、大阪公演が12月4日～12月14日〈梅田芸術劇場〉メインホールにて上演

CAMPOREE

吉瀬美智子

撮影　Takanori Okuwaki（UM）　スタイリング　道端亜未
ヘア&メイクアップ　山下景子（コール）　文　松坂 愛

ビスチェ（35,200yen）、スカート（68,200yen）／共に、Scye（マスターピースショールーム　tel.03-5414-3531）　シャツ（26,400yen）／SCYE BASICS（マスターピースショールーム）　右耳ピアス（78,100yen）、イヤカフ（66,000yen）、リング（63,800yen）／以上、Hirotaka（Hirotaka 東京ミッドタウン店　tel.03-6804-2258）　ネックレス（118,800yen）／Bijou de M（Bijou de M GINZA SIX　tel.03-6264-5436）　※すべて税別

「幸せを選択したい」とずっと言ってきたんです。そこから今は、もっと緩くなったというか。「がむしゃらにやらなくてもいいんじゃない？」と思うようになってきたかな

美しく、大らかでチャーミングで、そしてなんて心がキレイなんだろう。吉瀬美智子の佇まいから表情、第一線で活躍し続けていながら「気楽に」とゆとりのある生き方まで、そのどれにおいても次々と惹き付けられてしまう。このまったく魅力が尽きることがない姿は、「違う自分を見せていく」ということを貫いてきた役を通しても言えることだ。彼女が次に演じたのは『連続ドラマW 黒鳥の湖』〈WOWOW〉での、過去の過ちに翻弄されていく主人公・財前彰太〈藤木直人〉の妻で、誰にも言えない秘密をずっと抱えて生きる由布子。過去のある事件と「因果応報」というテーマが交錯しながら、人々の心の闇や傷、事実が次第に浮き彫りになっていく怒涛の展開の中で、どんどん不安に苛まれる由布子をどう見せてくれるのか。終始シリアスかと思いきや、意外にもリアルに照れが出てしまうシーンもあったようで、それも含めて待ち遠しくて仕方がない。

引っ込み思案の目立ちたがり屋で、矛盾が生じているんですよね（笑）

――今回演じられた由布子という人柄については、どう捉えていましたか？

吉瀬 18年間も自分の秘密を隠せる、言えないことだとしてもずっと黙っているというのは、きっと、芯をしっかり持った強い女性なんだと思います。だけど、妻としては強さが前面に出るわけじゃなく、女性らしさの中に品があって。そして、まず子どもを第一に考えている。だから子どもが大好きな母親というのは意識していました。あと普段は演じる上で苦手なんですけど、由布子さんのひたむきなところも考えて演じていましたね。

――吉瀬さんご自身は、すぐに秘密がばれてしまう方ですか……？

吉瀬 私自身は、隠しごとができないタイプで。やっぱり苦しいじゃないですか、黙っているのって。だからもう、すぐ言っちゃいます。分からないことがあれば、すぐ聞いちゃいますし（笑）。

――（笑）由布子は芯が強くある人物ながら、それでもある日娘が行方不明になったことを境に、救いを求めて寺に通い、財前直見さん演じる大黒に精神的に支えられていきます。

吉瀬 きっと、藁にもすがる想いだったんだと思います。子どものことだから余計に。何かしらアドヴァイスをしてくれる人が神様みたいになっていたのかなと。ある意味、それが一種の洗脳だと思うんですけど。「いらっしゃいよ」という大黒の感じに、ふと由布子さんも入って行っちゃったんでしょうね。そうなると良いことも悪いことも分からなくなってしまうというか。仕方がないのかもしれないけど、それも出会いというか運命なのかなと思います。

――人から影響を受けないと思っている人でも、実はそうでもなかったりして。

吉瀬 面白いことに、本当に紙一重のところなんだと思います。心に何かが入ってくる隙間があるかどうか、心の状態次第という気がしますね。結局、人は運命を変えることはできないのかもしれない。そういうポイントで観ても、この作品は面白いですよ。

――この作品の軸として、「因果応報」というところがあると思うのですが、吉瀬さんは日々の生活の中でそのように感じる瞬間はありますか？

吉瀬 良いことをしていれば良いことが返ってくるでしょうし、悪いことをしたら悪いことが返ってくるとは思います。元々、小さい頃から神様とかそういうものを信じるタイプではあったので、きっと、心の中を見ているだろうな、と思っているところがあって。だから今でも悪いこと、人様に迷惑を掛けるようなことはしないでいられている。そんな単純なことではあるけれど、些細な過ちで人生が変わるんだろうなと思うし。出会い1つを取っても、良い人と出会えば良い方に流れるだろうし、悪い人との付き合いが増えれば、悪い道に行くだろうし。私は、ありがたいことに、良い出会いに恵まれていて、だから今、こうやって幸せでいられるのかなと思います。でも由布子も、ずっと幸せで、ハッピーだったんですよ。ある日、突然、揺れちゃったというか。そういうことって誰にでも起こるんだろうなと。現状維持というのも大変なんだなと思いましたね。

――吉瀬さんは作品に入られている時、役とご自身との境界線はきっちりある方ですか？

吉瀬 そうですね。もし、繋がっている部分があるとするならば……例えば、刑事ものの役をやっていると、なぜか普段も自然とデニムを着ることが多くなるんですよね。知らないうちに影響を受ける時があります。そうすると、現場で着るものも同じような格好なので、「その普段着のまま出られるんじゃない？」という感じになったりすることはありますね。それ以外は、あまりプライヴェートと一緒になることはないかもしれないです。

自分自身と役との共通点を探そうということもなくて。それでも今回、共通点だったのは、子どもを思う親の気持ちは変わらないなということ。だけどその度合いが行き過ぎたのが由布子さん。私はそこまで踏み込まないし、かき乱すことはしたくないと言うか。割と引いちゃう方かなというのはありますかね。

――その吉瀬さんご自身の生き方の部分で言うと、何かのインタヴューを拝見した時に、試練に立ち向かって乗り越えて成長していく、というタイプではないとおっしゃっていたのが意外で。

吉瀬 プライヴェートでは試練が苦手です（笑）。仕事だと、ゴールが見えているから乗り切れるし、走れるんだと思います。もし、ゴールがなかったら、どこで息抜きをしていいかも分からず、「ずっとこのペースで走るの？」となるじゃないですか。トップでいる人の中には、ずっと走る人もいるでしょうけど。私はやる時に集中してガッと走って、その代わりに休みも貰わないとできないタイプだから、仕事においてはメリハリがあるんです。基本的には、自分のメンタルを保ちながらやれているかなと思いますね。本当に事務所に入りたての頃、駆け出しの時はいくつもの作品を掛け持ちしたりもしていたんですけど。やって初めて気付くことってあって、いろんな経験を経て合う、合わない、向き、不向きじゃないけど、そういうのが分かって来たというか。ようやく今のペースが掴めてきたんです。そこに来るまでが本当に大変で。

――元を辿れば、芸能の世界に苦手意識があったそうで。

吉瀬 そうそう。自分自身で言うのもなんですけど、引っ込み思案の目立ちたがり屋で、矛盾が生じているんですよね（笑）。だからすごく厄介なの。「出たい、出たい」じゃないんです。3歩後ろから目立っていたいという。「何だそれ」という感じでしょう（笑）。未だに率先して前に出たいという感じではないですね。根本の性格は変わらないから。お芝居だって、今も苦手ですよね。元々、寝ても覚めてもお芝居が大好きというタイプではなかったですし。だから今も「初めまして」の方がたくさんいる中で、ふと我に返ると、何をやっているんだろう……と思う瞬間があります。現場が変われば全部が総取っ替え。だから毎回、最初はすごく緊張します。

――人前で演じるというのは、恥ずかしいという気持ちがどうしても付きまとうものですか？

吉瀬 やっぱり最初はありますよ。みんなの前でカッコ付けることも、普段の自分を知っている人がいると余計に恥ずかしく感じますし。「何、カッコ付けてんの」と自分の中で思うし。でも場に慣れてきたら、スイッチが入るんです。そのスイッチが入るまでの「吉瀬さん」が出ているうちは恥ずかしくて。

――この現場では、「吉瀬さん」が抜けるまでにどれくらい掛かりましたか？

吉瀬 1回撮影して次まで日にちが空くと、スイッチが入りにくいんです。今回は最初から結構ね、ハードなシーンから入ったんですよ。そうすると、わりとパーンッと殻を破れて、入りやすかったですね。

――主演の藤木さんとは2回目の共演となりますが、藤木さんとの撮影はいかがでしたか？

吉瀬 実はそんなに藤木さんとは絡んではいないんですけど――最初がデートのシーンで。その時に私、18年前の設定だったので、エクステを着けていて、それでみんなの前に登場するのがちょっと恥ずかしかったです（笑）。「大丈夫かな？」と。それにデートのシーンだったので、嬉しいのと照れくさいのと半分ずつあって。でも、それがリアルな芝居に繋がったので良かったとは思います。手をギュッと握られたりするんですよ、藤木さんに。本当にちょっとね、恥ずかしいなと思ったりして。

――たくさんの作品に出演されている吉瀬さんでも、そういうシーンでは素が見え隠れするような、少し恥ずかしさが前に出てくる時もあるのがまた新鮮で。

吉瀬 だって、藤木さんですよ？　カッコ良いじゃないですか。もう顔も小さいし、イケメンだし、「俺が幸せにする」とか言われた日には、もう「ええー、してよー！」みたいな（笑）。幸せなひと時でした。

――すごくステキなエピソードでほっこりします。先ほど、試練が苦手だとおっしゃっていましたが、日々、楽しい方へと進んでいる感じはありますか？

吉瀬　もちろん。ただ、コロナ禍の前までは幸せが軸にあって、「幸せを選択したい」とずっと言ってきたんです。でも、コロナ禍になって、ちょっとそれも違うなと、自然と考えが変わってきて。そこから今は、もっと緩くなったというか。「がむしゃらにやらなくてもいいんじゃない？」、「好きなことは自分で決めればいいんじゃない？」と思うようになってきたかな。

――一度、立ち止まる時間があった分、余計に考えることが多かったですよね。

吉瀬　そうそう。お仕事の大切さや人付き合いの大切さを考えさせられましたね。大事なものに気付くというか、断捨離の時期ではあったかな。

――吉瀬さんは、もし、何か悲しいことや辛い出来事があった時は、どう転換して乗り越えられるのですか？

吉瀬　まずは友達に聞いてもらいます。今はなかなか会えない時期なので、オンラインで聞いてもらったりして。由布子さんのように、１人で黙って誰にも言わずに、というのは、本当にメンタルが強くないとできないと思います。

――今、世の中的には1年後がどうなっているかすら見えないところではありますが、先々、目指したいことや、挑戦したいことは何かありますか？

吉瀬　今までやったことのないような役にもチャレンジできたらなと思います。自分自身も次にどういう役が来るか、どういう吉瀬を観たいと思ってくださっているかは分からないですけど、新しい自分を見せていけたらなとは思っています。

――本日の撮影中も、すごくいろんな表情を拝見できて、ドキドキさせられっぱなしでした。

吉瀬　まあ、本当ですか。この作品でもね、また新たな私を見せられるかなとは思っています。

――お芝居をされている吉瀬さんはたくさん観させていただいているのですが、素顔というのは少しベールに包まれている感じもしていて。

吉瀬　すっごく男っぽいの。全然違うんです。喋り方も女性っぽいと思われがちなんですけど、そんなことはなく。家の中では走り回っていて、もう男の子みたいな感じですよ。「こらー！」と子どもを追い掛けて怒っていたり（笑）。子どもがいるとそうなるんです。だから、お仕事では女優を演じなきゃいけないから大変。吉瀬美智子を演じているんですよ、きっと。

――お子さんと、自身の作品を一緒に観ることもありますか？

吉瀬　観ます、観ます。お芝居の仕事をしていると分かっているんですよ。だから子どもたちは「次、何に出るの？　どんな役なの？」と聞いてきたり、段々と字も読めるようになっているから、台本が気になっていて。実際、手に取って読んで「『15秒で死ぬ』。えっ、死んじゃうの？」と驚いたりもしていますし（笑）。時には役柄の真似もしてくれたりと、興味を持ってくれているみたいです。子どもがそうやって観てくれているから私も頑張れるし、何か違う自分をまた見せたいなとも思います。

『連続ドラマW 黒鳥の湖』
監督／岩田和行
原作／『黒鳥の湖』宇佐美まこと〈祥伝社文庫刊〉
出演／藤木直人、吉瀬美智子、三宅 健、服部樹咲、大澄賢也、宅麻 伸／板尾創路、杉本哲太、財前直見、他
毎週土曜夜10時より〈WOWOW〉にて放送・配信中

ムロツヨシ

撮影　TAKAMAYUMI　スタイリング　森川雅代（FACTORY1994）
ヘア&メイクアップ　池田真希　文　堂前茜
ジャケット（74,800yen）、シャツ（30,800yen）、パンツ（35,200yen）／以上、Graphpaper（tel.03-6418-9402）
靴（42,900yen）／FOOTSTOCK ORIGINALS／GALLERY OF AUTHENTIC（tel.03-5808-7515）　※すべて税別

「楽しいばかりじゃないから楽しいんだな」というところにもう1回行けたところはありますね。それまでは、「楽しくやりなさい」って自分に言い聞かせていたんです

ムロツヨシ初主演映画『マイ・ダディ』を観ていて何度も胸を打たれたのは、牧師である主人公の御堂一男が1人娘のひかり（中田乃愛）のため、死に物狂いで奔走する姿だった。観終えた後に感じたのは、この作品からムロツヨシは役者として大きく変わっていくのだろうなという予感だった。藁をもすがるようにかけずり回る一男、日々の暮らしの中で慈しむように娘を愛してきた一男、教会の活動を通して他人のために動く一男、共通しているのは、一途に生きているということ。その懸命さを熱量高く、リアリティをもって体現できたのは、ムロが本作では、ムロツヨシという鎧を捨て、無防備な状態の自分でこの役と向き合ったから。そのもがきが一男の必死な様とどこかシンクロしていたように思う。自分を曝け出すには勇気がいる。けれどムロツヨシはそれに挑んだ。

悲しみを背負う覚悟が少しできました

――映画を観終えた後、久々にしみじみと「良い映画を観たなぁ」という気持ちになりました。

ムロ そう言ってもらえると嬉しいです。すごく普遍的で……こんなにも真っ直ぐにいろんな愛の形を描いているから、僕も好きになったのかもしれません。元々、真っ直ぐなお話を僕が好きなのはあったのですが、こういう時代だから、と言ったら大袈裟ですけど、今だからこそ、真っ直ぐな作品をやっていたいな、提示したいな、という想いがあった中、出会った作品で。僕は父親になったことはないですし、娘を持ったこともない人間ですけども、「この世界に居たいな」という風に思ったので、「居させてもらえるなら、ここに居させてください」と、オファーを頂いた後、すぐにお伝えさせていただきました。「僕にやらせてください」って。

――男が、娘だけでなく、きちんとした節度を持って人と接する、その距離感のようなものも、どこかしら、ムロさんご自身から滲み出るものなのかなぁと思ったりもしました。

ムロ 娘とは、教会での2人の役割もあるから、そういう距離感なのもあるかもしれませんね。復活祭とか、クリスマスの時とか、色々と準備があるから、娘にも頼らなきゃいけない。かといって嫌われたくもない(笑)。

――男という人を掘り下げていった時、ご自身と向き合わざるを得ないところもありましたか?

ムロ そうですね。先ほども言いましたけど、僕は父親になったことはないけども、大切なものを失った経験はあるし、役の上とは言え、さらにもう1人、大事なものを失いかねないとなった時、やっぱり自分の深いところで、失うかもしれない恐怖と戦わなきゃいけないところはありました。その恐怖があるから、どうしても生きてほしいという強い想いが生まれるのですが、それを作るには、表面だけの気持ちでは無理ですよね。演じるということに関して、とてつもなく時間をかけたし、考えたし、かといって事前に決め付け過ぎず、また、自分のやりたいことをやるのではなく、現場で、娘の顔を見て、演じたところはあります。

――色々と考えて役と向き合ったけれど、最終的には現場で生まれるものを大事にされたと。

ムロ そうですね。大事にしたのは、こういう風に演じたいという欲をどんどん削っていく作業と言いますか、僕はこの脚本を読んだ時点ですぐに泣いてしまいましたけど、観てくださる人を泣かせようというような想いは削っていきました。それよりも、目の前にいる娘と会話をする、娘に想いを馳せる、彼女の幸せを願う、そういった、現場で生まれる自分の感情に従うようにしていきました。

――様々な作品に出られた中でも、今回が一番、自分の欲などを削る作業をされたと思いますか？

ムロ はい。「この作品の中では本当に本気で生きなければいけない」と思いました。例えばいろんなジャンルのドラマがありますけど、コメディのドラマだったらお客さんのことを敢えて意識することで生まれる笑いもあります。今回はそれとは真逆の作り方で。そうでないと観て下さる方に伝わらないと思いましたし、そうでないとこの作品を作ってくれた人たちに失礼だろうなと思ったので、今までのムロツヨシ、役者ムロツヨシとは違った人前での立ち方、違ったお芝居の形になりました。言葉にすると安っぽく聞こえるかもしれないですが、今までは役を自分というものに近付けた状態でお芝居をして、皆さんに観てもらっていました。その良さもあると思うのですが、今回は今までのムロツヨシをすべて捨てて、真っさらな状態で、1人の役者として役に臨むことができたのかな。でも、実際にやるのはすごく難しいんです。だから言葉だけですね。本当はどこかでいろんなことを嫌でも記憶しちゃっているし――失敗の経験も成功の経験も、褒められたことも批判されたことも、僕はあるんですが、それを捨てるというのはとてつもなく難しかったです。

――手癖のような芝居や立ち回りがつい出てしまったりすることもありましたか？

ムロ そういうのはあったかもしれないですね。一番難しかったのは、ドラマティックなシーンよりも、日常の場面で。どうしても今までのムロツヨシになってしまうんですね。だから途中で芝居を止めて、もう一回やらせてもらう、ということが何度もありました。知り合いのスタッフさんから「珍しいですね」と言われました。だけど僕的には、普通の場面でムロツヨシが出てしまうと、物語が動き出した時に、急に人間が変わったように見えてしまうと思ったんですね。同一人物じゃなくなっちゃう。日常を作るのは本当に難しかったですね。考え過ぎて駄目な部分もあったと思いますが、この経験をしっかり記憶していきたいなと思います。あと――「こういう役がもう二度と来ないかもしれない、こういう世界で生きることも最後だ」と思ってやっておりました。同じような切り口の映画のお話がまたくるかもしれませんが、自分の感覚も変わってしまい、同じような向き合い方でいけるかどうか分からないじゃないですか。僕、この映画の撮影の前に、荻上直子監督の作品（『川っぺりムコリッタ』）に参加させていただいて。荻上さんからいろんなことを教わったのですが、同時に、荻上さんにはすごく追い込まれて。やっぱり、「楽なムロツヨシは見たくない」っていうところで。「いろんなもの、捨てても良いんじゃないですか？　特に今回の映画の世界観では」って。それが終わってから、この作品に臨んだので、自分にとってすごく良い順番だったなと思います。

――お仕事を発注する側としてみればやっぱり、今までにないムロさんを見てみたい、それを自分の力で引き出してみたい、という気持ちを持っていらっしゃる方も多いのではないでしょうか。

ムロ そういう風に言ってくれる監督、クリエイター、モノ作りの方々がいてくれるのは嬉しいことですよね。いわゆる今の僕、皆さんが描かれているムロツヨシのイメージというのは、皆さんに知ってもらうためのムロツヨシですので、自分でも本当のムロツヨシではないとは思います。でも、人前に立つ上で、観ている方々をただ楽しませたい、というのも事実であって、そこで自分が辿り着いたのが、テレビに出ているところやコメディをやっている時のムロツヨシの形なんです。だけど一表現者、役者として、例えば『マイ・ダディ』とか『川っぺりムコリッタ』みたいな作品においては、そのムロツヨシは要らないんです。だから捨てる。その勇気を持ちなさいっていうのは荻上さんから教わりました。もちろん、勇気があってもできなかったと思うんですけど、その時に荻上さんが追い込んでやってくれた後で――正確にはその後もう一個、他の映画を挟むのですが――『マイ・ダディ』に入れたのは、本当に良かったなと思っています。

――本作で知ることができた新しい自分はいましたか?

ムロ 僕は、悲しいことや辛いことがあったら、全てプラスにする時のために取っておくんですが、それはもしかしたら、悲しみとできるだけ向き合わないための作戦だったのかもしれない、と思いました。今回、僕は悲しみとどうしても向き合わなきゃいけなくて、その扉を解放したわけですが、こんなにも悲しみにズタボロになる自分がいるんだ、と。大事なものを失うかもしれないとなると、人はこれだけ泣き崩れて、僕はこれだけ泣き崩れるんだ、ということを知りましたね。

――偉そうなんですが、ムロさんはこの作品を経て、役者としてもっと変化されていく気がします。

ムロ ありがとうございます。ど~だろう~。変わっているとは思います、大分（笑）。お芝居への想いも深くなっていますし、楽しいという気持ちだけでやるんじゃないんだ、ということも再認識しましたし。

――楽しいだけじゃないもの、というと?

ムロ なんでお芝居をするのか?と言えば、「楽しいからだ」という理由だけを繰り返し自分に言い聞かせてやってきて、それに自分が応える形で、日々お芝居をやってこられましたが、こういう風な真っ直ぐな愛の形の物語に挑む時は、やればやるほど、お芝居というのは楽しいばかりではないなと思って。変な言い方ですけど、「楽しいばかりじゃないから楽しいんだな」というところにもう1回行けたところはありますね。それまでは本当に、「楽しくやりなさい」って自分に言い聞かせていたんです、いろんな作品に出る度に。特に舞台で喜劇をやる時は、「楽しんでいるあなたを私は見たいんです。そしてお客さんも、そうかもしれない。だから楽しんでください」って演出家ムロが役者ムロに言うんです。だけど今回、一男役をやるムロツヨシに関しては、楽しいということから一旦離れて、その世界に生きる覚悟で毎日を過ごしたんですよね。それによって、悲しみを背負う覚悟が少しできました。悲しみなんて背負う必要はないと思っていた時もありましたけど。

――ムロさんってすごくご自分を俯瞰して見られるんですね。

ムロ そうなんですよね。自分を他人化するんです。自分を何人か置くんです。で、いろんな自分が意見を言い合うから、まとまるまで時間がかかるんですが、決めた時の自分を笑わせたいからその後頑張れます。

――最初に少し申し上げたような、人との良い意味での距離感というのも、独自のものなのかなって。何というか、どの人とも同じ距離感でいられるフラットさがあると言いますか。

ムロ （笑）距離感ね。人は信じますし、裏切られてもいいと思っています。裏切られたらムカつくけど、怒るけど、悲しいけど、それよりも、信じてしまえば良い、という風に思ってしまう。変ですよね、私ね。

――ダーク・サイドに堕ちることはないんですか？

ムロ いや、あると思います（笑）。ダーク・サイドに堕ちていた時もありますし、今でも家に1人でいる時とか、いつ堕ちてもおかしくないと思います。

――結構スレスレの、ヘリを歩いている感じですか？

ムロ スレスレでしょうね〜。ヤバいですね（笑）。でも、スレスレの道を選んでいるところもありますから。やっぱり、人を笑わせようなんて頭がおかしいですよ。職業で言うとお笑い芸人さんがいますけど、役者として人を笑わせようとすることは、自分を操作しようとしているわけで、楽しんでいる人間を見たいと思えば自分が楽しまなきゃいけないと思うし。ダーク・サイドがすぐ近くにあるところを選んで歩かないとそこに行けないだろうな、なんていう感覚はあります。それこそ、いろんな人に聞いてみたいですね。大泉 洋さんとか阿部サダヲさんとかに、聞いても教えてくれないでしょうけど（笑）、皆さん、そういう危ういところに何か生まれるものがあるということを、どこかで分かっちゃっているというか。それこそジャンルは違うけど、ああいった素敵な曲を作っている星野 源ちゃんとかを見ていても、危うさというのとはまた違うかもですが、危うい場所をちゃんと表現したりしている。そうやってみんなそれぞれ違うんだけど、危うい場所で生きていて、実はそこが居場所だと分かっちゃっているという辛さはあるのかなって。嫌ですよね、この仕事（笑）。

――（笑）エゴがある限り、ヘリの側から離れられないのかもしれませんね。

ムロ （笑）昔よくノートに、さっき名前を挙げた方々以外でも、堺 雅人さんとか古田新太さんとか、「こういう人になりたいけど」って気持ちを綴っていたんですが、僕はなれないと分かったんですよね。だから真似をしても何の意味がないんだって。だけどこの人たちと、とある作品で一緒になった時、危うさを持った場所に皆さんもいるのだろうな、そこだけは共通なんじゃないかな、と思ったんです。

『マイ・ダディ』
監督／金井純一　出演／ムロツヨシ、奈緒、毎熊克哉、中田乃愛、臼田あさ美、徳井健太（平成ノブシコブシ）、永野宗典、光石 研、他　9月23日より全国公開

LOTTE

名球会、伝説の名選手たちの肖像

有藤通世

対話&撮影　山崎二郎　文　吉里颯洋　編集協力　菊地伸明（未来サポート）

投手は200勝または250セーブ、打者は2000安打を記録した名選手が集う名球会。一握りのトップ・プレイヤーのインタヴュー連載。今回は1969年に東京オリオンズ（現・千葉ロッテマリーンズ）に入団以来、18年の現役生活で、通算2057安打、348本塁打、1061打点を記録した有藤通世選手にご登場いただいた。

僕の現役生活は、まさに腱鞘炎との戦い。「今度痛くなったら、もう野球ができないな」という想いは常にありましたから

山崎　現役生活18年の中でベスト・シーズンを挙げるなら、いつになりますか？

有藤　ベスト・シーズンといえば、2年目じゃないでしょうかね？

山崎　プロ入り2年目の1970（昭和45）年は、143安打、打率．306、ホームラン25本、80打点という成績でした。

有藤　大学時代に傷めた左手首に加えて、日本一になった1974（昭和49）年、26歳の時に右手首も傷めてしまい、それ以降は常に両手首の腱鞘炎と向き合いながらプレイを続けてきたんです。だからこそ、手首の痛みのストレスを感じることなく、バットを自在に操れたあの年が印象に残っていますね。

山崎　そんな早い段階から、腱鞘炎と戦ってこられたとは驚きです。

有藤　僕の現役生活は、まさに腱鞘炎との戦いで。「今度痛くなったら、もう野球ができないな」という想いは常にありましたから。

山崎　1972（昭和47）年のオフ、金田正一さんがロッテオリオンズの監督に就任されました。現役生活を長く続ける上で、金田監督の影響はどのようにありましたか？

有藤　それはもう、金田さんとの出会いがあって、40歳まで現役でできましたよね。先輩方は30代前半で引退されていましたから、それを思えばありがたいなと。金田さんがご自身のトレーニング論なり、食事法なりをチームに導入して、一軍のトレーナーが2人だったのが4人になり、ファームにもトレーナーが就きましたからね。

金田さんが推進したトレーニングやケアの意識改革のあれこれは、他のチームにも影響を与えたよね。

山崎　１９６９（昭和44）年のルーキー・イヤーに打率．２８５、21本塁打という好成績で、サードのレギュラーとして定着、新人王を獲得されました。「プロでやれる」という手応え、自信を感じたのはいつ頃でしょうか？

有藤　まぁ（1年目から活躍できたのは）もう偶然ですね、僕の場合は。振ったバットに、たまたまボールが当たってくれたというね。1年目は余裕もなく、必死でしたね。「よし、プロでやっていけそうだ」と思えたのは、３年続けてベストナインをもらった１９７１（昭和46）年くらいでしょうか。

山崎　そうすると、技術的にはプロの壁を感じることはなかったと？

有藤　いや、僕はね「『スランプ』という言葉は、王 貞治、長嶋茂雄、張本 勲、野村克也といった超一流のスラッガーたちだけが使うものや」と常々思っていましたから。「超一流のレヴェルに達してない選手が打てないのは単なる実力不足で、スランプを自称する資格なし」と現役の最後まで信じていました。だから、不調になれば黙々と素振りを繰り返していましたね。

山崎　映像で観ると力みがないと言うか、身体が大きく動かないバッティング・フォームでしたよね。

有藤　僕らの時代では張本さんが動きの少ないフォームの代表でしたよね。自分の原体験と言うか、プロ入りして最初に目の当たりにして影響を受けたのは、自軍の先輩である榎本喜八さんのバッティングでした。

山崎　榎本さんも動かないフォームですよね。

有藤　全然動かないです。プロ入り直後の榎本さんとの出会いが一番の収穫と言うか、自分のバッティングの原点なのかなと思います。「榎本さんに追いつき、追い越せ」という気持ちでやってきましたから、他球団のスラッガー、王さん、長嶋さん、張本さんを見ても驚かなかったですね。

山崎　そうすると、「技術的に何かを掴んだ」のは、先ほどおっしゃった1971年くらいだったんでしょうか？

有藤　いや、結局、引退するまで「（バッティングの奥義は）これだな」というものは掴めなかったですね。ただ、「これかな？」と思うタイミングは数多くありました。5打数5安打を打ったり、1試合3ホーマー打ったりした試合でね。そうした感覚というのは、（維持できず）すぐに消えてしまいますから。

山崎　1977（昭和52）年の首位打者獲得の時でも、同様でしたか？

有藤　その年は「タイトルを一度くらい獲っておかないとカッコ悪いな」と言う気持ちもあって、入団以来続いていた20本以上のホームランの記録は捨てて、首位打者を獲りに行きました。今思えば、尊敬する先輩の榎本さんから「もっと数字にこだわれ」みたいな教えがあれば、自分の野球人生も違ったものになっていたかもしれないなと思いますね。

今のご時世で当時の成績が残せていたら、メジャー・リーグに行く気満々だったでしょうね（笑）

山崎　ご自分のバッティングを作り上げていく上で、参考にした選手はいましたか？

有藤　構えなら阪神タイガースの藤村富美男さん、タイミングの取り方は長嶋さんを参考にしていましたね。タイミングを取る際の足の使い方で参考にしたのは、張本さん、野村さん、長嶋さんあたりですかね。そういう先輩方から盗んだあれこれを練習や試合で試しながら試行錯誤していました。僕のバッティング論の核は「バッティングはタイミングや」という考えなので、バットの角度とかスタンスなんかはさほど気にしなかったですね。特に注力したのは、ストライク・ゾーンを見据える自分の視界がぶれないようにすることで。

山崎 マウンドからホームベースまでのボールの軌道を1つの映像、絵で見るような感覚ということですか？

有藤 ですね。僕の感覚では（ストライクか否か、球種が何か、打つか否かを）最終的に判断するのはホームベースの4メートルくらい前で。だから、4メートルくらい手前にストライク・ゾーンを想定してボールを見極めていました。

山崎 有藤選手の柔らかくて力みがないバッティング・フォームはアマチュア時代から変わらなかったですか？

有藤 自分では、「力んでいるな。力が入っているな」と自覚することは度々ありました。当時は動画でフォームをチェックすることはできませんでしたから、「ちょっとヘッドが下がったな、振り出しが遅かったな」とか、自分の感覚だけを頼りにひたすら素振りを繰り返す、「バット・スイング命」の練習法でしたね。

山崎 すると、プロ入り後に壁に当たってフォームを変えるとか、そういうことはなかったんですね？

有藤 それはなかったですね。とにかく、「バット・スイング命」で自分のフォームを固め、スイングを磨くしかなかったと言うね。今なら、ピッチング・マシンを使って打ち込む練習スタイルが主流なんでしょうけど、僕の場合は実際のボールを打つより、配球や球道をイメージしながら、ひたすら素振りを繰り返していました。

山崎 １９７２（昭和47）年、4年目で31盗塁を記録しています。その気になれば、トリプル３が狙えたのではなかったでしょうか？

有藤 そもそも、僕らの頃は「トリプル３」という概念がありませんでしたけど、今みたいに騒がれたら気にしていたでしょうね。

山崎 走る意欲、盗塁しようというモチヴェーションはあったんですか？

有藤 走る意欲はありました。年間１００盗塁するような福本 豊みたいなスピードスターが同世代にいたけれど、「年間20くらいでも走れたらいいな」という気持ちは持っていました。

山崎 さまざまな打順を経験されたと思いますが、ご自分の中でしっくり来た打順というのはありましたか？

有藤 3番ですね。僕は「3番最強打者論」を支持していますから。そう思い至ったのは、プロ入り3年目の1971（昭和46）年、アリゾナでのスプリング・キャンプで、サンフランシスコ・ジャイアンツの3番バッター、ウィリー・メイズを目の当たりにしたからです。オープン戦で実際に戦ってみて、彼が打って守って走って全身で表現する「野球」に魅せられたというかね。

山崎 「当時のメジャー・リーグの方が昨今のメジャー・リーグよりもハイ・レヴェルだった」というのが、これまで取材させていただいた名球会メンバーの方々の共通見解なんですが、「ある程度は、自分でもやれそう」という感触はありましたか？

有藤 「メジャーでやれるかな」というよりは、「あぁ、こういう環境でプレイしたかったな」という憧れを感じましたよね。お客さんの醸し出す雰囲気やスタジアムの作りとか、当時の日本球界とは全然違いましたから。思うだけで実現はしませんでしたけど、今のご時世で当時の成績が残せていたら、メジャー・リーグに行く気満々だったでしょうね（笑）。

高校時代のチームメイトたちの「ちゃんと活躍して日本一になれ」というメッセージが、プロで日本一になるまで自分を支えてくれたなと

山崎 アマチュア時代から一貫してサードを守ってこられて、4度もゴールデングラブ賞を受賞されました。サー

ドというポジションへの想いはどのようなものがありましたか？

有藤　プロ入り直後に、誰しもポジションの適性をあれこれ試されるんですけど、覚えてるのは、1971年に大沢啓二さんが監督に就任された時、「ファーストをやらないか？」と打診されたんですが「嫌！」と即座に固辞しました。ただ、当時の僕のサード守備は下手やったからね。パームボールを多投する小山正明さんが投げると、サード・ゴロが多いんですよ。図らずもエラーをしまくったというか、ファーストの榎本さんも（ミットが届く）一定のところしか送球を捕ってくれないから、思いきって投げられないこともありました。

山崎　引退の前年、1985（昭和60）年までの数字を見ると、急に成績が下降した感じはなかったですが、引退を決意されたのは、どのようなご判断だったんでしょうか？

有藤　自分なりに「（自分の現役生活は）まぁ、こんなもんだろう。ここまでだろう」という心境にはなりましたね。そこに至るまでに、若い時と同じくらいの準備、練習量がこなせなくなっていたところはありました。引退を決意した最大のダメージは、両手首の腱鞘炎が悪化したこと。スライディングする際、右手を地面に突くのが自分のスタイルなんですけど、1974年のある試合でのスライディング時にたまたま右手首を傷めてしまって。その日は何ともなかったんですけど、翌日の試合、〈後楽園球場〉に着くと右手首が激痛で「こら、ダメや」とトレーナー室に駆け込みました。大学時代に傷めていた古傷の左手首の痛みも復活した感じで、それ以来、両手首とも腱鞘炎のために、バットを振る回数が減りましたね。

山崎　右手首が痛いとなると、スローイングにも大きな影響があったのかと？

有藤　ありました。だから、両手首に痛み止めの注射を打って、プレーオフ、日本シリーズに出ていましたね。打つときにもリストが効かないというか、（痛みで）練習らしい練習が何もできませんでした。正直、痛いの痒いのは通り越した状態でプレイを続けていましたね。日々、「これで野球ができなくなってもいい」というギリギリのところで覚悟を決められたのは、高校野球での忘れられない出来事が原点にあったからです。忘れもしない1964（昭和39）年の夏の甲子園大会に出場して、秋田工業高校との初戦。1打席目でデッドボールを喰らってしまって、その後は試合に出られなかったんです。ただ、僕が不在にも関わらず、間違ってチーム（高知高校）は優勝してね。大会後に帰省して、優勝パレードのクルマの上で、「おまえ、なんで乗っとんのや？試合にも出ず、優勝に貢献してないのに」みたいなことをチームメイトに言われてね。

山崎　とは言え、甲子園大会出場を決めるまでの間、チームに大きく貢献してますよね。

有藤「母校は高校野球日本一を達成しても、負傷で試合に出てないおまえは優勝に貢献してない」と言われれば、確かにその通りでね。以来、正月に帰省しても、同じことを言われっ放しなんですよ。それで、「こいつらと肩を並べるには、自分の活躍で所属チームを日本一にさせないとあかん」と思い立ってね。大学2年の時の神宮大会でそのチャンスがあったんだけど、決勝で日大に負けて、宿願は果たせずで。プロ入りして2年目、読売ジャイアンツと対決した日本シリーズでもコテンパンにやられて。「もうしばらくはチャンスもないだろう」と思っていたら、1974年に日本シリーズに出るチャンスが来てね。「今度こそ、絶対日本一にならなきゃ」と思いましたけど、その年は夏頃から腱鞘炎がひどくて代走要員に甘んじていました。それでも、プレーオフの時点でトレーナーに「注射を打ってでも試合に出る」と伝えると、「痛み止めの注射を打つのはいいけど、来年以降、野球ができない状態になるかも分からんで」と言われたのを覚えています。運良く阪急ブレーブスにプレーオフで勝てて、中日ドラゴンズとの日本シリーズでは7番か8番を打っていましたけど、「所属チームを日本一にさせるには、これが最後のチャンス」という気持ちがありました。結局、そのシリーズは打率で4割くらい打って、運良く日本一になれてね。その年の暮れに帰省すると、これまで僕に言いたい放題だったチームメイトたちが何も言えなくなってました（笑）。「何か言えよ、おまえら！」と彼らに言うと、「何をや！」と返されましたけど。

山崎　10年越しで叶えた「日本一」の夢、素敵ですね。「人生、何が幸いするかわからない」と改めて思いました。甲子園の最初の打席でデッドボールを喰らって何もできなかった悔しさがプロ入り後の日本一になるための原動力になったとは！

有藤　あれこれ言ってくれたのも僕を励ますための檄だったと思うんですけど、高校時代のチームメイトたちの「ちゃんと活躍して日本一になれ」というメッセージがプロで日本一になるまで自分を支えてくれたなと思いますね。

有藤通世（ありとうみちよ）／高知県出身。１９４６（昭和21）年12月17日生まれ。高知高校から近畿大学を経て、１９６８（昭和43）年のドラフト1位で東京オリオンズ（翌年よりロッテオリオンズ）に入団。1年目からサードのレギュラーとして出場、打率.２８５・21本塁打の成績で新人王に輝く。１９７７（昭和52）年には.３２９で首位打者を獲得。１９７２（昭和47）年から4年連続でゴールデングラブ賞を受賞。現役生活18年の通算成績は、２０６３試合に出場、２０５７安打、３４８本塁打、打率.２８２、１０６１打点、２８２盗塁。走攻守3拍子揃った大型三塁手としてダイナミックなプレイでチームを牽引、「ミスターロッテ」としてファンに愛された。１９８６（昭和61）年現役引退。１９８７（昭和62）年から１９８９（平成1）年までロッテオリオンズの監督を務めた。以降は野球評論家として活躍。

Whales.

名球会、伝説の名選手たちの肖像

平松政次

対話&撮影　山崎二郎　文　吉里颯洋　編集協力　菊地伸明（未来サポート）

投手は200勝または250セーブ、打者は2000安打を記録した名選手が集う名球会。一握りのトップ・プレイヤーへのインタヴュー連載が実現。今回は1967年に大洋ホエールズ（現・横浜DeNAベイスターズ）に入団以来、18年の現役生活で、通算635試合登板、201勝、防御率3.31を記録した平松政次投手にご登場いただいた。

生まれて初めて投げたシュートを見て、「監督、平松がすごいボールを投げてます！」と先輩たちが騒ぎ出してね

山崎　平松投手の現役時代、常にケガや負傷との戦いがあったとのことですが、最初に肩を傷めたのはプロ入り後、またはプロ入り前でしょうか？

平松　高校時代、社会人時代はとにかく投げまくってきました。アマチュア時代は肩の違和感や痛みはなかったんだけど、１９６８（昭和43）年の春、プロ入りして最初のキャンプで初めてボールを投げられないほどの肩の痛みを感じたのを覚えています。ほぼ1ヶ月、ボールが投げられなくて、それが1回目の肩痛でした。２回目、３回目がいつだったか、細かい記憶はないけれど、以降は常に肩の痛みと向き合う苦しみはありましたね。

山崎　当時は、どんな治療をされてたんでしょうか？

平松　温浴と水風呂の半身浴を交互におこなう、チームのトレーナーにマッサージしてもらうとか、ごく一般的なケアですよね。ただ、私の現役時代、チームのトレーナーは1人しかいなくて、施術を受けるのも年齢順だったよね。徐々にハリ治療を受けられる体制もできてきましたけど、ハリは嫌いで敬遠してましたね。

山崎　時に「ガラスのエース」と呼ばれた平松投手が肩痛と戦いながらも、２００勝をあげているのがすごいと驚く次第です。

平松　ですよね。肩を傷めた後はブランクがありますから、よく２００勝できたなと。自分の場合、トータルで10回ほどは肩痛に苦しんだんじゃないかな？　傷める時には、わずか1球で傷めますから。

山崎　ピッチング・フォームはアマチュア時代から引退まで変わらなかったんでしょうか？

平松　ほぼ変わらなかったんじゃないかな？　１９７４（昭和49）年、秋山 登監督の時に読売ジャイアンツＯＢで日本石油の先輩でもある藤田元司さんがピッチング・コーチに就任されて、いろいろとアドヴァイスをくださったんですが、当時の自分は二桁くらいなら楽に勝てましたから、馬耳東風に聞き流していましたね（苦笑）。

山崎　グラブをはめた左手を大きく円を描くように使う、あのダイナミックなピッチング・フォームは、知る限り、名投手では平松投手以外に見当たらないのですが、どんな経緯であのフォームに行き着いたのでしょうか？

平松　誰に教わったわけでもなく、子供の頃から自然に身についたフォームだよね。「何とかして速いボールを投げたい」という一心で、ああいう投げ方になったというね。少しでも身体の反動を大きく使って、深いテイクバックから（遠心力で）投げ込むスタイルは自然に生まれたものです。

山崎　あれだけ重心が低いフォームで投げ続けてこられたのは、下半身の粘りや強さがあればこそですよね。

平松　１９６７（昭和42）年の8月にプロ入りした直後、1人しかいなかったトレーナーの先生に初めてマッサージをしてもらったんですけど、「おい、平松！　こんな弾力性のある、いい筋肉を貰ったんだから、ご両親に感謝しろよ」と言われましてね。もちろん、できる努力はしてきましたけど、親から授かった柔らかい筋肉のお陰でここまで来られたのかなと思いますね。

山崎　決め球のシュートはいつ、どんな経緯で投げ始めたんでしょうか？

平松　投げ始めたのは、プロ入り後ですね。１９６７年の8月、都市対抗野球の大会前のキャンプで不思議な出会いがありましてね。ブルペンで投げ込みをしていると、ユニフォームも着ていない見知らぬ誰かから「平松、シュートの投げ方を教えてやろうか」と話しかけられて。今思えばＯＢの方だったのかと思うんですが、頼みもしないのに、「シュートはこうやって投げるんだ」と教えてくれたんです。当時の自分はストレートとカーブでピッチングが成り立っていましたから、そのまま、シュートのことは忘れてて。しばらく時が過ぎて、1969（昭和44）年の春のキャンプのある雨の日。当時は雨天練習場がありませんでしたから、近郊の体育館で練習していたんですね。すると、バッティング練習ができない野手陣、近藤昭彦さんたちが目慣らしのために（打席に立って）私の投球をチェックし始めて。当時の持ち球はストレートとカーブしかありませんでしたから、上から目線で「他に球種はないのか？」と言われた時に、カチ〜ンときて（笑）。プロでは実績不足とは言え、甲子園、都市対抗の優勝投手としてはそれなりのプライドがあるじゃないですか？　条件反射的に「シュートがあります！」と言い返して、見知らぬ誰かから教わった記憶を頼りにシュートを6球投げたんです。すると、生まれて初めて投げたシュートを見て、「監督、平松がすごいボールを投げてます！」と先輩たちが騒ぎ出してね。ちなみに、「カミソリシュート」と命名したのは、長嶋茂雄さん。「斬れ味鋭い平松のシュートは、カミソリみたいだ」みたいな一言が、あのネーミングにつながったというね。その年には、身体もフォームもプロ仕様になって、アウトコースに10球投げれば8〜9球はストライク・ゾーンに決められるだけの技術ができ上がってました。シュート抜きでも江夏 豊、堀内恒夫、松岡 弘ら、当時のセ・リーグのエース・クラスのピッチャーたちと張り合えるレヴェルのピッチングはできていたと思いますし、シュートがあった分、右バッターには自信を持っていました。

自分も全盛期でしたし、あのタイミングでもし渡米していたら、10勝くらいは勝てたかもしれないね

山崎　右バッターにしてみると、シュートの軌道が頭にあるから、アウトローのストレートがさらに遠く見えてい

たわけですよね。

平松　はい。その代わり、左バッターにはカモにされていたというね（笑）。例えば、王貞治さんには打率．370も打たれて、打たれたホームラン数もダントツで自分が1位だったはずで。右ピッチャーのシュートは左バッターにしたら外に逃げるボールだから怖くないわけですよ。打者なら誰しも胸元に食い込んでくる速いボールには恐怖心を感じて身体が開いたりしますけど、左バッターの外に逃げていくシュートには踏み込んで対応できますから。王さんには「もし平松に左バッターの内角に食い込むスライダーがあれば、左バッターを苦にすることもなかっただろう」と言われたことがありますよ。そのコメント通りで、王さんを筆頭に、若松勉、谷沢健一、藤田平と、同学年の左バッターにことごとくカモにされていましたね。おそらく3割以上打たれていましたから、左バッターを牛耳れていたら、220〜230勝は出来ていた気がしますね。

山崎　他のピッチャーのシュートと比べて、平松投手のカミソリシュートの軌道はどうだったんでしょうか？

平松　ホームベースの横幅は約43．2センチ。真ん中めがけて投げると、おおよそ20センチくらいは曲がっていたんじゃないかと思いますね。実際、打席に立つバッターは相当面食らったんじゃないかな？　日本石油のキャンプで教わったシュートの投げ方は、握りこそ独特ですけど、「手首を捻らず、まっすぐ投げろ。右手が遅れて出てくるように、ストレートを投げる時より、やや早く左肩を開くのがコツ。投げ方はストレートと同じだから、バッターの目を惑わすことができる」というものでね。当時の私は「巨人キラー」と呼ばれていましたけど、自分が先発だと分かると、読売ジャイアンツの牧野茂ヘッドコーチは試合前のミーティングで「いいか。右バッターはインサイドのシュート系のボールは一切手を出すな！　シュートは捨ててアウトになった場合も、査定の上ではアウトにカウントしない」という指示を徹底したそうでね。ところがいざ試合となれば、右バッターは軒並みシュートを打ち損じてくれて。こちらとしては思惑通りでした。

山崎　本格派ピッチャーの場合、ストレートのスピードが衰えると晩年に技巧派になることが多いですが、平松投手の場合はいかがでしたか？　球種は増やしたりしなかったんですか？

平松　私の場合、ストレートが衰えても、「平松にはシュートがあるぞ」というイメージ、遺産がありましたから。晩年にはストレート同様、シュートも衰えていましたけど、「全盛期のシュートの残像」という遺産のお陰で数10勝は勝てましたよね。インサイド狙いの気配を感じれば、アウトコースに変化球を投げて打ち取れましたから。いろいろトライはしましたけど、最終的に使いこなせたのはストレート、カーブ、シュートの3つでしたね。

山崎　日米野球で登板すれば平松投手のカミソリシュートは目に留まるでしょうから、「アメリカに来いよ」とメジャーのチームから声がかかったのではないですか？

平松　1970（昭和45）年だったか、サンフランシスコ・ジャイアンツとのオープン戦に登板する機会があって、いいピッチングができて。さっそく、「ぜひ、平松を譲ってほしい」というオファーがありましたね。

山崎　ウィリー・メイズ、ウィリー・マッコビーら、錚々たるメンバーのジャイアンツを相手に1失点とは！

平松　春のオープン戦でしたから、「シーズンで即使いたい」という気持ちは先方にもあったでしょうね。自分も全盛期でしたし、あのタイミングでもし渡米していたら、10勝くらいは勝てたかもしれないね。

山崎　あの当時ですと、「メジャーでプレイする」ということはピンと来なかったですか？

平松　そうなんですよ。日本人プレイヤーがメジャーで活躍するような土壌というか、素地もなかったし、実現までの道筋も見えなかったからね。それより以前、ノンプロ時代のことですけど、全日本選抜に選ばれて、ハワイで「第1回世界アマチュア野球選手権」に出たことがあってね。事実上の決勝戦のアメリカ戦に先発して、5回5安打

2失点で。スタンドにはメジャー10球団くらいのスカウトがいて、その中でオークランド・アスレチックスのスカウトが契約金10万ドルを提示して「ウチに来ないか?」と手を挙げてくれましてね。翌朝の新聞には「アスレチックス、日本のエースに10万ドルを提示!」みたいな記事が出たんです。当時のレートは1ドル360円だから、4,000万円弱ですか。日米の球界は交流もなく、マッシー村上(村上雅則)さんも渡米前でしたから、もし自分が海を渡っていれば、日本人メジャー・リーガー第1号でしたね。

私は酷使されたことに不満や後悔は一切なくてね。旬の時代にたっぷり使ってもらったことが200勝に繋がりましたから、当時の監督には感謝しています

山崎 平松投手といえば、現役の最後まで先発で投げていたイメージがあります。

平松 いや、リリーフもしてますよ。むしろ晩年の方が先発1本でしたけど、全盛期は完投した翌々日にはベンチ入りして、勝ちゲームの中盤から投げたり、リリーフでノックアウトされた翌日には先発で投げるとか、今思えば無茶苦茶な起用でしたね。「打たれた翌日に投げさせる」とか、ペナルティ以外の何物でもないというね(笑)。こんなこともありました。ノックアウトを食らった翌日、「今日の登板はないだろう」。試合後は銀座に呑みに行こう」みたいな気楽な気持ちでベンチにいたら、初回に先発が崩れて早々に降板して、「平松、行け!」と緊急登板させられて。1回途中から最後まで投げ切って、結局、得点は許さず零封しましたけどね。「中3日」のローテーションが当たり前の時代でしたけど、さらにその上をいく酷使だったかもしれません。でも、それくらい投げまくったからこそ、635試合登板、3,000イニングは達成できたのかなと思います。「ガラスのエース」と呼ばれましたけれど、身体に負担のかかるフォームでしたし、酷使もされた上でのことでね。だけどね、私は酷使されたことに不満や後悔は一切なくてね。「鉄は熱いうちに打て」と言うように、自分の全盛期、旬の時代にたっぷり使ってもらったことが２００勝に繋がりましたから、当時の監督には感謝しています。

山崎 そういう中で長く現役をやれた秘訣は何だったんでしょうか。

平松 やっぱり、「勝ちたい！」という気持ちでしょうね。「自分がナンバーワンのピッチャーになりたい。エースとしてチームを勝たせたい、順位を上げたい」というモチヴェーションが何よりの原動力でしたね。

山崎 現役時代の後半、摂生やコンディショニングで配慮されていたことがあれば教えてください。

平松 実のところ、さほど気は使わなかったですね。「走れ、走れ」の時代でしたし、「マッサージ効果のあるランニングをすることが疲労回復やコンディショニングにベスト」という考えでした。生来のバネ、足の速さもありましたけど、相当な量を走りましたよ。丈夫な下半身もまた、親からいただいた財産ですね。親には感謝していますよね。

山崎 やっぱり、優勝経験がないのは心残りですよね。記録を見ると、別当 薫監督時代の2位が最高位でした。

平松 もうねぇ、私の現役時代はジャイアンツが強過ぎたから！ １９７０（昭和45）年から数年くらいは、シーズン中に他のチームが「もう少しでジャイアンツを抜けるかな」みたいな時期がないことはなかったですけど、攻撃力、投手力とも磐石で、実際のところ、ジャイアンツと他球団の戦力差は相当ありましたね。確か、１９７２（昭和47）年の青田 昇監督時代、オールスター前に、ジャイアンツ、タイガースを追っていて。〈後楽園球場〉で4連戦があって、初戦に私が完投勝ちして。翌日はさすがに登板なしで、その翌日はダブルヘッダー。１試合目の8回裏に登板して抑えて勝ったんです。で、何と2試合目も、同じ8回裏に登板してね（笑）。あの日、マウンドに上がる際の「ピッチャー平松、背番号27」という場内アナウンスが流れると、スタンドのほとんどを占めるジャイアンツ・ファンが「ウォー」という悲鳴とも怒号ともつかない歓声を発してね。マウンドに向かう間、鳥肌が立ちました。あの声がジャイアンツ・ファンの「平松、出てくるな」という気持ちの現れだとしたら「あぁ、ピッチャーをやっていて本当に良かったな」と思えた瞬間でした。

平松政次（ひらまつまさじ）／岡山県出身。１９４７（昭和22）年9月19日生まれ。岡山東商業のエースとして、１９６５（昭和40）年の選抜大会にて優勝。社会人野球の日本石油では１９６７（昭和42）年夏の都市対抗野球大会で優勝に貢献、橋戸賞を受賞。大会終了直後の8月10日、大洋ホエールズに入団。１９６９（昭和44）年から12年連続で2桁勝利をあげ、１９７０（昭和45）年には25勝19敗、6完封、防御率1．95で沢村賞を獲得した。ダイナミックかつ華麗なフォームから投げ込む、切れ味鋭い「カミソリシュート」を武器にエースとして活躍。通算２０１勝のうち、歴代2位の51勝を巨人から上げ、世代随一の「巨人キラー」として輝きを放った。現役生活18年の通算成績は、６３５試合に登板、投球回数３３６０回２／３、２０１勝１９６敗16セーブ防御率3．31。タイトル歴は、最優秀防御率1回、最多勝利2回、ベストナイン2回、最優秀投手2回、沢村賞1回。１９８４（昭和59）年現役引退。以降、野球評論家として活躍。２０１７（平成29）年、野球殿堂入り。

STEPPIN' OUT!
JUNE 2020
VOL.13 600円(税抜)
COVER STORY /
岡田准一
ASKA、石橋蓮司、伊東輝悦、田中 泯、玉木 宏、常盤貴子
STEPPIN' OUT! presents Movilist
ムーヴィリスト、初春の松江、出雲を往く

STEPPIN' OUT!
OCTOBER 2020
VOL.14 600円(税抜)
COVER STORY /
妻夫木 聡
岡本健一、緒川たまき、窪塚洋介、小泉今日子、豊原功補、仲間由紀恵、行定 勲
STEPPIN' OUT! presents Movilist
鈴木理策、佐久間由衣、ムーヴィリスト、那須高原を往く

STEPPIN' OUT!
DECEMBER 2020
VOL.15 600円(税抜)
COVER STORY /
堤 真一
黒沢 清×蒼井 優、升 毅、豊原功補、小泉今日子、中村獅童、井浦 新
STEPPIN' OUT! presents Movilist
佐久間由衣、星野佳路(星野リゾート代表)、ムーヴィリスト、金沢を往く

STEPPIN' OUT!
FEBRUARY 2021
VOL.16 600円(税抜)
COVER STORY /
東山紀之
木﨑賢治、横山 剣(クレイジーケンバンド)、鈴木保奈美、トータス松本、吉田 羊
STEPPIN' OUT! presents Movilist
ムーヴィリスト、11月の軽井沢を往く

STEPPIN' OUT!
APRIL 2021
VOL.17 600円(税抜)
COVER STORY /
役所広司
宇崎竜童、草刈正雄、坂本昌行、西川美和、菅野美穂、峯田和伸、広末涼子
STEPPIN' OUT! presents Movilist
ムーヴィリスト、冬の沖縄、小浜島を往く

STEPPIN' OUT!
JUNE 2021
VOL.18 600円(税抜)
COVER STORY /
江口洋介
きたろう、竹中直人×山田孝之×齊藤 工、田口トモロヲ×松重 豊×光石 研×遠藤憲一、竹野内 豊
STEPPIN' OUT! presents Movilist
ムーヴィリスト、冬の京都を往く

STEPPIN' OUT!
AUGUST 2021
VOL.19 600円(税抜)
COVER STORY /
柚希礼音
茂木欣一、西田尚美×市川実和子、高岡早紀、秋山竜次(ロバート)、HIRO KIMURA

Movilist
ACTION 1 980円(税抜)
COVER STORY /
1984年と2014年。『VISITORS』から『MOVILIST』へ。佐野元春と往くニューヨーク
波瑠、大谷健太郎、安藤美冬、木村文乃、江口研一、大沢伸一、若旦那、他 ESSAY / 江 弘毅、谷中 敦(東京スカパラダイスオーケストラ)

Movilist
ACTION 2 980円(税抜)
COVER STORY /
『ナポレオンフィッシュと泳ぐ日』から『BLOOD MOON』へ。1989年と2015年。佐野元春と往くロンドン
江 弘毅、山崎二郎、佐々部 清、市川紗椰、今井美樹、安藤美冬、江口研一、永瀬沙代

Movilist
ACTION 3 980円(税抜)
COVER STORY /
A Treasure Found in Iriomote Island, Okinawa 柚希礼音、沖縄・西表島で休暇を過ごす
波瑠、大谷健太郎、笹久保 伸、タクシー・サウダージ、山崎二郎、木村文乃、永瀬正敏、本田直之

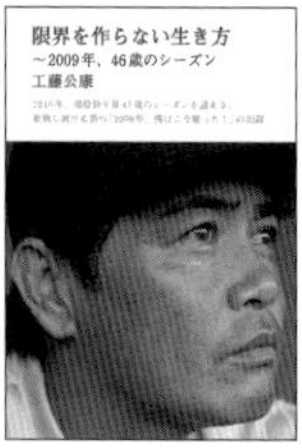

『限界を作らない生き方～2009年、46歳のシーズン』
工藤公康・著
1,500円(税抜)
『ステッピンアウト!』が1年間追い続けたインタヴューをまとめた、挑戦し続ける男の「2009年、僕はこう戦った!」の記録。

『TOSHINOBU KUBOTA in INDIA』
2,857円(税抜)
久保田利伸のデビュー25周年を記念した、自身初の写真集。かねてより彼が訪れたいと願っていた聖地・インドで、フォトグラファー・中村和孝が灼熱の日々を活写している。

BACK NUMBER

STEPPIN' OUT!
WINTER 2008
VOL.1 1,000円(税抜)
COVER STORY /
横山 剣(クレイジーケンバンド)
宇崎竜童、大沢伸一、奥田民生、辻 仁成、童子-T、長谷川京子、ポール・ウェラー、リリー・フランキー

STEPPIN' OUT!
SPRING 2009
VOL.2 952円(税抜)
COVER STORY /
松任谷由実
吉井和哉、紀里谷和明、工藤公康(横浜ベイスターズ)、辻 仁成、冨田恵一、ムッシュかまやつ、横山 剣(クレイジーケンバンド)

STEPPIN' OUT!
SUMMER 2009
VOL.3 1,238円(税抜)
COVER STORY /
矢沢永吉
ウィル・アイ・アム(ブラック・アイド・ピーズ)、工藤公康(横浜ベイスターズ)、竹中直人、小宮山 悟(千葉ロッテマリーンズ)、紀里谷和明、石井琢朗(広島東洋カープ)

STEPPIN' OUT!
WINTER 2010
VOL.4 1,429円(税抜)
COVER STORY /
鈴木雅之
大瀧詠一、小林和之(EPICレコードジャパン代表取締役)、田代まさし 、丹羽昭男(エス・エス・エスシブヤ楽器代表取締役)、横原敬之、山口隆二(元〈ルイード〉代表取締役)、湯川れい子、浅野忠信、小久保裕紀(福岡ソフトバンクホークス)、辻 仁成、トム・フォード、バッキー井上、本木雅弘、山﨑武司(東北楽天イーグルス)

STEPPIN' OUT!
JANUARY 2019
VOL.5 1,200円(税抜)
COVER STORY /
大泉 洋
渡部えり、時任三郎、SHERBETS、小宮山 悟、遠藤憲一、中村紀洋、古田新太、新羅慎二(若旦那)、塚本晋也
STEPPIN' OUT! presents Movilist
ムーヴィリストというライフスタイル～福岡・上五島 編 BLACK & WHITE MEMORIES OF TURKEY by 永瀬正敏

STEPPIN' OUT!
MARCH 2019
VOL.6 1,200円(税抜)
COVER STORY /
安田 顕
奥田瑛二、三上博史、香川照之、永瀬正敏、藤倉 尚、大森南朋、安藤政信、鈴木尚広
STEPPIN' OUT! presents Movilist
ムーヴィリスト、冬の長崎～熊本を移動し、愉しむ

STEPPIN' OUT!
JUNE 2019
VOL.7 980円(税抜)
COVER STORY /
スガ シカオ
滝藤賢一、谷中 敦(東京スカパラダイスオーケストラ)、原 恵一、亀田誠治、SODA!、上川隆也、長谷川京子

STEPPIN' OUT!
AUGUST 2019
VOL.8 980円(税抜)
COVER STORY /
三上博史
高橋源一郎、近田春夫、宮沢和史、ノーマン・リーダス、武田大作、多村仁志
STEPPIN' OUT! presents Movilist
ムーヴィリスト、尾道、会津、松山を往く、ムーヴィリスト、金沢を往く

STEPPIN' OUT!
OCTOBER 2019
VOL.9 980円(税抜)
COVER STORY /
オダギリ ジョー
橋爪 功、北大路欣也、柄本 明、舘ひろし、横山 剣(クレイジーケンバンド)、中井貴一、唐沢寿明、吹越 満、沢村一樹、渡部篤郎
STEPPIN' OUT! presents Movilist
ムーヴィリスト、北海道を往く featuring 広瀬すず

STEPPIN' OUT!
DECEMBER 2019
VOL.10 980円(税抜)
COVER STORY /
佐野元春
瀬々敬久、松重 豊、松尾スズキ、仲村トオル、坂井真紀、西島秀俊、白石和彌、窪塚洋介
STEPPIN' OUT! presents Movilist
ムーヴィリスト、東山、富良野、稚内、沖永良部島を往く

STEPPIN' OUT!
FEBRUARY 2020
VOL.11 980円(税抜)
COVER STORY /
久保田利伸
市村正親、江口洋介、大沢たかお、藤木直人、永野
STEPPIN' OUT! presents Movilist
ムーヴィリスト、沖縄・西表島、竹富島を往く、星野佳路(星野リゾート代表)

STEPPIN' OUT!
APRIL 2020
VOL.12 600円(税抜)
COVER STORY /
東山紀之
寺脇康文、永瀬正敏、織田裕二、吉田栄作、大泉 洋×小池栄子
STEPPIN' OUT! presents Movilist
ムーヴィリスト、冬の青森を往く

STEPPIN' OUT!®

ステッピンアウト！ OCTOBER 2021 VOLUME 20

EDITOR 堂前 茜 岡田麻美 松坂 愛 多田メラニー 上野綾子

PUBLISHER & EDITOR-IN-CHIEF 山崎二郎

DESIGNER 山本哲郎

PRINTING 株式会社 シナノパブリッシング プレス

STEPPIN' OUT! ステッピンアウト！ OCTOBER 2021

2021年8月6日第1刷発行 ISBN 978-4-344-95410-6 C0070 ￥600E

発行：株式会社ブラウンズブックス 〒155-0032 東京都世田谷区代沢 5-32-13-5F

tel.03-6805-2640, fax.03-6805-5681, e-mail mail@brownsbooks.jp

Published by Brown's Books Co., Ltd. 5-32-13-5F Daizawa, Setagaya-ku, TOKYO,JAPAN. Zip 155-0032

発売：株式会社 幻冬舎 〒151-0051 東京都渋谷区千駄ヶ谷 4-9-7 tel.03-5411-6222, fax.03-5411-6233

西島秀俊×内野聖陽

撮影　佐藤航嗣（UM）　スタイリング（西島）TAKAFUMI KAWASAKI（内野）中川原寛
ヘア&メイクアップ（西島）亀田雅（内野）佐藤裕子

内野さんは"賭ける"人。だから現場は緊張感があります（西島）

「映画人・西島秀俊の妙味を見た」という感じでした（内野）

劇場版『きのう何食べた？』が完成。これをどれだけ多くの人が心待ちにしていただろうか？　それまでに何度ドラマ&スペシャル版を観返しただろうか？　『大奥』などでも知られるよしながふみの原作漫画をドラマ化、２０１９年に放送されるやいなや、『Ｔｗｉｔｔｅｒ』の世界トレンド１位になるなど深夜ドラマとして異例の大ヒット。見逃し配信の再生回数は全12話で１００万回再生を超え、〈テレビ東京〉系『ドラマ24』枠での歴代最高視聴率も更新。リピート視聴し続けている人が絶えない、通称「何食べ」。繰り返される毎日のちょっとした機微を丁寧にすくい取り、何でもない「食卓の物語」を丹念に優しく描くことで、日々に疲れた人に活力を与え、やさぐれた心を癒してきた本作。筧 史朗（通称・シロさん）役の西島秀俊、矢吹賢二（ケンジ）役の内野聖陽に話を聞いた。

優しい物語です。登場人物が、色々とすれ違ったり、上手く理解しきれなかったりするんですけど、お互いを理解しようと努めているんですよね（西島）

――（内野が別撮影により途中参加のため）時間がもったいないので、先に西島さんからお話をお伺いさせていただきますね。まず、完成した映画をどうご覧になりましたか？

西島「ドラマの時と何も変わらずにやろう」ということを大前提に撮影を進めていったんですが、ドラマだと、30分で1つのテーマを描くので、どうしても登場人物が、史朗と賢二と、あともう2人くらいしか入らなかったんです。でも今回は尺がある、映画1本分の時間があるので、たくさんの人たちで1つのテーマについて演技ができたのが良かったし、実際に観ると、映画ならではの良さをたくさん感じました。

――ドラマやスペシャル版だと、シロさんが怒りっぽいところもチラホラあったのに、映画だと遂に京都旅行にまで行っていて、感慨深いなぁと。オープニングの映像だけで何だか泣けてきました。

西島（笑）ありがとうございます。

――シロさんを観ていると、「大人になると人は変わらないよ」などと言う方もいますけど、「大人になっても人ってちゃんと成長するんだなぁ」というのをマジマジと見せられているところもあって。あんなにせこましかったシロさんが温和に寛容になった姿を、劇場版では頼もしく拝見しました。

西島 実は連続ドラマが始まる前に、中江（和仁）監督に「これは史朗の成長物語だから」とは言われていたんです。でも、連続ドラマで成長物語はある程度は終わっているんですね。最初は、夜道を2人で歩くのも、「人に見られたらどうしよう？」なんて言ってましたが、連続ドラマの最後では、昼に一緒にカフェに行くまでになりましたから（笑）。それくらい、心に余裕が生まれた。そして遂に映画では京都旅行にまで行って……この2年でも、世の中のモノに対する見方は変わりましたよね。そういう中で史朗も、年齢を経ていくことで、自分の殻から解放されていった。そういう描写が映画では一層ありますよね。

――京都旅行のくだりは、内野さんがいらしてから詳しくお伺いできればと思いますが――西島さんのキャリアを考えた時に、本当にいろんな役をやられてきましたが、例えば刑事モノだったら『MOZU』とか『ストロベリーナイト』があり、何かを背負っている男の役だと映画なら『CUT』などがあり。ハードな役柄もたくさんやられてきた中で、シロさんの役って、イチファンとしては西島さんのボーナス・ステージと言いますか、かつてなく西島さんが楽しそうに演じられているように見えてしまうのですが、実際はいかがなんでしょうか？

西島 そういう感覚はないですね（笑）。というのも、『きのう何食べた？』って、内野さんが特に、"1回に賭ける人"だから、意外にというか、楽しそうにはもちろん見えていると思うんですが、「これ1回しかできないから」っていう緊張感のある撮影が結構多いんです。要するに、「このシーンは、この感情は、1回しか演技できないので、NGが出せない、1回で決めよう」ということ。だから今回の映画でも、内野さんが「いや、それは傷付いていたよ」と言って、僕が「怖かった」と告白する場面は、1回しかできないシーンだったので、緊張感がものすごくありました。

――ハードな役柄の時の現場と変わらないわけですね。

西島 変わらないんですよね。楽しい現場のシーンもありますが、やっぱり真剣勝負です。こういったことは、最初からあったことと言うか、内野さんも、（史朗の母親役の）梶（芽衣子）さんも、「真剣にやろう」というお気持ちでした。本当に、何度もありました。「あっ、もうこれ、ダメだ。たぶんこれ、1回しかできないな」っていうシーンが。しかも事前にはっきりそれを言われるので。「もうこれは1回しかできない」って。

――事前に内野さんから、「できないかも」と?

西島 そうですね。「だからそのつもりでやってください」っていうのは毎話あったんじゃないかな。1話につき1回はそういうシーンがありました。ただ、監督が必ずそれの一番良いところを撮ってくれるので、本当にありがたいなと思いましたね。

――共演の方に「これは1回しかできないから」と言われるのはよくあることですか?

西島 いや、技術パートはテストを重ねたいし、カットバックする時は、例えば4人いたら4人分撮らなきゃいけないわけで、どうしても4回やんなきゃいけないんですよね。今回に関しては、内野さんが〝賭ける〟人なので。「これはもう先に寄りを撮っといてください」、「一番撮って欲しいところは1回しかできない」とはっきり言われるので、緊張感があります。だから現場のスタッフも、「あっ、すみません、フォーカス合いませんでした」と言うわけにはいかないんです。

――現場も和気あいあいとしているものと思っていました。

西島 (笑)ただまぁ、優しい物語です。登場人物が、色々とすれ違ったり、上手く理解しきれなかったりするんですけど、お互いを理解しようと努めているんですよね。

みんなに教えられて、ちょっとずつ史朗は成長しているんです（西島）

――映画を観ていると、料理のシーン含めて、今のは絶対にアドリブじゃないかな？という楽しい掛け合いもありました。西島さんの突っ込みも、細かくなってきたような（笑）。

西島（笑）いや、そんなことないです。ただ、連続ドラマの時から「ここはちょっとアドリブでやっといてください」というようなご指示は結構あって。その辺は楽しく自由にやらせてもらっています。

――内野さんが仕掛けることが多いんですか？　それとも西島さんも？

西島 そうですね。内野さんが基本的には……というか内野さんは〝生っぽくしたい〟という欲が常にある人なので。何て言うか、生々しい空気を持ち込もうとする、だけど僕に止められる（笑）、その引っ張り合いみたいな感じです。

――〝生々しい〟というのはどういうことですか？

西島 原作でもそうですが、徹底的に、表立って触れ合うことは描かれないわけです。ほんのちょっと指先が触れ合うことも完全に計算してやらなきゃいけない作品なので、そうじゃないところで、「でもこの2人は好き合っているんだ」ということをちゃんと滲ませないと。生身の人間が演技をしているので、内野さんとしてはできるだけそれをこう……連ドラの時も、カメラの外では僕の脚にずっと手を置いていたりして（笑）。何て言うかな、観ている方にそういうことをなんとなくでも感じてもらいたいという気持ちはあったりしますね。

――西島さんはあくまで理性的に、「いや、これ以上は生っぽくしない方が良い、このラインは越えない方が良い」というスタンスで、どちらかというと内野さんはその逆というか。現場ではスレスレの、とまではいかないかもですが、攻防戦が繰り広げられていたということでしょうか。

西島（笑）いや、分かんないですけどね。でも、そういうのはあったかもしれないですね。

――そもそもの話になりますが、元々原作はご存知だったんですか？

西島 はい。僕はファンだったので。

――そうだったんですね！　お話がきて嬉しかったですか？

西島 嬉しかったです。だけどやっぱり、プレッシャーもありました。素晴らしい作品で、人気もあるので。「これは実写化、相当ハードル高いな」ということは思いました。実写化を実現するまで、時間もかかりましたしね。今となっては、連続ドラマをやってスペシャルもやって、映画化までさせていただいて、という状況ですけども、企画が立ち上がる前も立ち上がってからも、かなり時間がかかっていたし。本当にここにくるまで、いろんなハードルがもちろんあったと思います。

――ドラマもそうですし今回もそうですが、原作の漫画の台詞をいじらずそのまま言う箇所があるじゃないですか？　それを言うかな？という時、観ている方もドキドキしちゃうところがあって（笑）。

西島（笑）分かります、分かります。

――例えば原作で、「……五臓六腑にしみわたるとはこの事だ」とシロさんが唸る場面がありますが、ドラマでも西島さんが口にされていて。決め台詞とまでは言いませんが、ああいう時はどんな気持ちなんですか？

西島 そうなんですよね。だから……漫画を読んでいる時点で自分の頭の中で響いている声、言い方、それももちろんあるんですけど、やっぱり現場で内野さんと実際に絡んでいるうちに生まれてくる声というものもたくさんあって。だから何だろう、（脳内にあった）イメージ通りにいくシーンもあれば、違うシーンもあったりして。例えば連続ドラマで、（菅原）大吉さんと（正名）僕蔵さんが演じる、テツさんとヨシくんカップルが家に来て、「故郷の両親にはびた一文だって渡したくない」と話される場面があるんですが、漫画ではサラッと言っているけど、ドラマではすごく感情が湧き起こるシーンになっています。それも実写化の素晴らしさというか、生身の人間がそこで話しているうちに、ああいうシーンになったので。

――おっしゃる通り、「一文だって渡したくない」とテツさん言うまでに、すごい溜めがありましたよね。漫画は良い意味でテンポよく進んでいきますが、ドラマは非常にリアルで緊張感すらありました。

西島　そうなんですよね。よしなが先生の原作って本当に計算して描かれているので、怒るシーンとかも、キツくなり過ぎないようになっているんですよね……表情の部分などについてはちょっと先生にも質問したんですけど――とにかく丁寧に描かれているんです。なので、すごく悩みましたよね。喧嘩の場面も、どうしよう、あまりに本気でやると……って。だけど内野さんも「本気でやった方がいい」、「本気で怒んなきゃダメだよ」と。どれが正解か、未だに分からないです。だけど、イン前に、内野さんも梶さんも、初日にフッと僕におっしゃったんです。「これは真剣にやろう」って。いくらでも面白おかしくやれるけども、そうじゃなくて、本当に真剣にやって、結果的に観てくださる人が面白ければ良いし、と。だから「真剣にやろう」という気持ちがとにかくありました。

――まさにヨシくんたちと外のレストランで食事した帰り、夜の街の階段を上がるところで、ケンジにシロさんが怒鳴りますよね。

西島（ここで内野がスタジオに登場、入ってきた内野を横目で見ながら）あれは内野さんのせいです（笑）。

内野 ははは（笑）。わたし？（一瞬だけ内野がインタヴュー席に登場）

西島（笑）そうですよ。僕は悩んでいたんだけど、内野さんが本気で怒れって言うから。

――いやでもあの場面はめちゃくちゃ印象に残っています、すごく良かったです。

西島 あれが良かったって！（笑）。内野さんの〝せい〟じゃなく、内野さんの〝おかげ〟ですね（笑）。

内野 え？　何の話？　また後でね（笑）。（と言って個別撮影へ）

――（笑）お話を聞いていると、シロさんを作る上で悩むところが本当にたくさんあったんですね。

西島 そうですね。それは今でも、やっぱりありますね。

――そして、劇場版にも登場するジルベール（磯村勇斗）と小日向さん（山本耕史）。普段から山本さんの小日向さんが面白いんですが、映画版の回想シーンでの「航くーん！」の叫びに笑ってしまいました（笑）。

西島（笑）山本耕史くんは、本当に無茶もしますけど、やっぱり本気のところはしっかりと、ものすごく本気でやってきます。僕が覚えているのは、史朗が賢二を連れて「俺の実家に帰ろうと思って」ってクリスマスの時に言う回で、監督に山本くんが「ここは冷静に聞いといた方がいいですか？　それとも一緒に感情が入った方がいいですか？」と聞いていて。監督が「じゃあここは、小日向はちょっと大人で、冷静に、『そっか』という反応でやってください」と言って、寄りを撮っている時、僕が話していたら、ポタッ、って涙が。「えっ？」と見たら、（山本が）号泣しているんですよ。「えっ？　言っていることとやっていることが全然違うじゃん！」と思ったんですけど（笑）、後から聞くと、「話を聞いていたら感情がやってきたので、そっちで行こうと思って」と言っていて……ちゃんとしているんですよね。遊びもあるけど、役の〝ここ〟という時は、真剣に本気で乗っかってくる。そういう人です。だからまぁ、映画版でも変わらないですね（笑）。で、磯村くんは、確か初日かな？　レストランでの4人のシーンがあったんですが、山本くんと内野さん2人の先輩に、「こうやってさぁ……」って優しい助言をされていて（笑）。彼の役柄としては、4人の中で場を支配しなきゃいけないから、毎回すごく考えてきていました。しかもその場でいろんなことを思い付く。感性の鋭い若手で、別の場所やいろんなところでまた共演したいなと思いました。でも、相当プレッシャーだったんじゃないかな。僕、ヤですもん、あの2人に色々と「こうさぁ」とか言われたら（笑）。

――（笑）ジルベールと言えばやっぱりシロさんとのバチバチというか（笑）。最初はシロさんも、「あいつー」とか怒っていたのに、段々いなすようになってくるというか。そのやりとりも微笑ましくて。

西島　構造としては、史朗って大人だと自分で思っているし、大人っぽく振る舞っているけど、実は一番子供なんですね。だから、怒る。で、賢二って大人なんですよ。だから、いろんなことを笑顔で対応する。他の人たちも大人で、実は史朗を見守ってくれています。ジルベールの方が大人なので――描かれていない、いろんなことをくぐってきているだろうし――時に辛辣なことも言う。賢二の方が大人で、史朗を実は導いている、でも史朗は分かってない、だけどジルベールと話すことで分かることがあるし、小日向さんに教えられることもある。みんなに教えられて、ちょっとずつ史朗は成長しているんです。

賢二を特別に作る気はなくて、心の真実を大事にして、作っていきたかった、それだけです（内野）

――なるほど。（内野がここで合流）先に色々とお話をお伺いしていたのですが、西島さんがいると、ケンジ感というのは出てきちゃうものなんですか？　先程のやりとりなど見ていましたら……。

内野 あ、今？　確かにね、自動的に西島さんを見ると賢二っぽい細胞というか（笑）、賢二っぽいリアクションを始めそうになるんですね。でも今は乙女心を排除しています。

――そうなんですね！　京都旅行のくだりをお伺いしたいのですが、原作だったら、シロさんのご両親からの「実家に来てほしくない」という話があった後、ケンジは帰りの新幹線の中で、「よくよく考えるとやっぱりひどいよね？」と、わりとサラっと、１コマくらいで終わっているんですよね。

内野 そうだそうだ。それを（脚本家の）安達（奈緒子）さんがうまく広げたんですよね。

西島 うん。

――旅館のシーンでは、もっと大事かと思っていた分、逆にホッとしていましたが、映画版では、やっぱり傷付いていた、というところも丁寧に描かれていて。そして、シロさんが旅館で「許して下さい」と頭を下げて謝るくだりなんですが――その場面をいざ実写で観てみると、何だかグッときて。何年も一緒にいる人にきちんと謝っているその姿に、とても胸を打たれたんです。言葉は違うかもですが、素敵なことだなって。

内野 そうなんですよね。僕もあそこのシーン、好きです。しかも天国から地獄ですから（笑）。あ、地獄ではないけど、京都旅行の裏にはそういうカラクリがあったっていうかね。

――それをマジマジと見た時に、２人がしている当たり前のやりとりって、実は当たり前じゃないんだなと感じて。本当に、相手へのいろんな細かい気遣いで成り立っているんだなと思いました。

内野 こんなに細やかな気遣いをするカップルって、本当に素敵ですよね。というか、ありえないくらいだなと、僕は最初に本を読んだ時に思ったんです。だから演じる上でも、ちゃんと繊細に捉えようという気持ちがありました。賢二は傷付いたことを覚えているじゃないですか。そこも素敵だなっていうか。結構、日常の中で忘れがちじゃない？　もしかしたら、男女のカップル以上に男性同士のカップルで描かれると非常に響くものがあるのかもしれない、それが不思議でもあるんですけど、でも、だからと言ってやっていて違和感はないんですよね。とにかく最初に読んだ時、「わ〜、すごい、なんて細やかなんだろう」と、僕は感じました。で、西島さんとやると自然に持っていける、関係性がしっくりくる。映画版を観てなおさら思いました。

西島　この作品が素敵なのって、すごく〝分かっている〟ところなんですよね。今回は賢二の家族が出てきますけど、賢二の家族は本当に分かり合えていて。史朗の家族もお互い分かっているけど、上手くいかないっていう。賢二と史朗の関係もそうですよね。お互い気持ちは分かっていて、だけど現実の部分で意見がすり合わない時もある。観ている方にとって、他人事じゃないと、どこか共感してもらえるのは、その辺のことなのかなぁという風に思います。そういう繊細な本だし、内野さんはそこをものすごく丁寧に読み込んでやってくださるので、現場でやっていて、ほんとに何でもないシーンでも、すごくねぇ、「やった！このシーンやった！」という実感、達成感があるんですよね。そういうことが積み重ねられた作品だと思います。

――西島さんのシロさんは、どこか西島さんご自身と地続きな部分もありそうだなと、勝手ながら感じてしまうところもあるのですが、内野さんに関しては、本当にゼロから作り上げられたのだろうなと。で、漫画だとケンジって、例えば泣くシーンにしても「ダー」って涙が出るし、「わーん」という声をあげるじゃないですか。表現の難しさがある中で、どうやってケンジを内野さんは作られていったのか、お伺いしたいのですが。

内野　僕は、映画をやろうとなった時、西島さんは映画をずっとやっていらっしゃる方ですし、僕も実写でやるからには、いわゆる漫画から起こしました、みたいな演技は絶対やりたくなかったんですよ。で、漫画で言えば涙が線でビーって出ている、ああいう表現ですけども、「どうしてなるんだ？　どうしてそこまで感情が振り切れちゃうんだろう？」というところを考えたんです。その根っこのところを大事にやりたかった。なので、最初から本気でやらせてもらったんです。最初から、賢二を特別に作る気はなくて、心の真実を大事にして、作っていきたかった、それだけです。あとはやっぱり、西島さんと２人で作り上げてきた関係性があるので、結構自由に泳げるようになってきていたんですね。だから映画で特別にどうしようああしようというよりは、「あぁ、ここでこの人たちは傷付いちゃったのね」とか、そういうことを役者がちゃんと理解して、真実を持ってやれば、自然とスパークできると思っていました。本当に……２人の関係性で作った空気感、行間なんですよ。長い歴史というか、テレビ・ドラマとスペシャルの２つをやってきた中で培った信頼関係と安心感がある。そういうのが今回も勝手に作用した気はしますね。僕、昨日改めて映画版を見直したんだけど、やっぱり、一朝一夕でこの関係性はできないなってすごく思いました。２人の間に漂う空気感は、シロさんとケンジの真実を持って対峙することで自然と生まれてくるところまでいっちゃっている。別に、自分たちを褒めているわけじゃないけど（笑）、この映画が初めての現場だったら絶対に作り出せなかった空気だなとは、確実に思いますね。で、僕はあんまり、ゲイであるということを意識してやってこなかったんです。普通の人間が感じる気持ちだけでやってきたので、ゲイの心情がどうとかではなく、普遍化されていたのではと思います。

――実地調査じゃないですけど、リアルなゲイの方たちを参考にしたこともなく演じられたと。

内野　もうゼロですね。何かを参考にしたとかはありません。ただ最初にね、参考までに。

西島　そうですね。お話を聞いたりはしましたね。

内野 っていう時間はあったんだけど、僕は、（お話を聞いた）あの方はあの方で、賢二のゲイの部分っていうのは、人を観察して作ったというよりは、自分の中にある、柔らかいものとか、傷付きやすいものとか、そんなものだけを出してやっている感じがしますね。

俺を救ってくれている、ギリギリ・セーフのところで抑えてくれているのが西島さんの演技なんです（内野）

――ケンジって、感激屋さんだったり、すごく落ち込んだりと、感情が豊かなのに加えて、表に出るじゃないですか。対してシロさんは、心の中では喜怒哀楽、色々あれど、顔にはあまり出ない。その対比も魅力なのですが、ケンジといるうちにシロさんが感化されてきたように、西島さんも目の前の内野さんの瑞々しいお芝居をずっと側で見られてきたことで、少なからず影響された部分もあるのでしょうか？

西島 それはもちろんありますよね。

内野 直情的というか、賢二はそのまま出すっていうキャラクターだからね。

西島 物語の大きな流れとしても、それで史朗も解放されていくっていう。そういう賢二が実際にとても魅力的なので、「いや、俺は何をこだわっているんだろう？」と意識が変わっていくんです。側でずっと演じさせてもらってきて、本当に賢二は素敵だと感じます。始まった時に、「これは史朗が成長する物語です」と監督に説明されたのもあり、そのつもりで演じてきましたけど、何というか、意識するまでもなく、内野さんの賢二と撮影中だけですけど、日々会ってきたことで、浄化されていきました。

――視聴者としても、浄化されるものがあるんです、内野さんのケンジって。癒しにも近いというか。それがお芝居で体現できるなんて、本当にすごいなって思うんですが。

西島 僕もそう思います、すごいと思います。

内野 （笑）なんで！ 俺のこと褒めたってしょうがないじゃない（笑）。ただね、僕、今回の映画版は、西島さんに救ってもらっているなぁと、すごく感じましたね。やっぱり賢二って、振り切れキャラというか、直情的だし乙女心は放っておくと暴走しちゃうんです。特に（映画）前半の京都に行っている時の賢二の心情は、本当に、乙女心が炸裂！って感じなので（笑）、自分で観ていても、「あっ、そこまで〜。あの〜、ちょっとtoo muchだよ〜」って思ってしまう部分もすごくあって。

西島 あの、インタヴューで反省するの、やめてもらっていいですか（笑）？

内野 すいません（笑）。でも言わせて（笑）、反省っちゅうか、そこで上手くググッと食い止めているのが西島さんの演技なんだよ。そのバランス感覚がね、さすがだなと思って。俺を救ってくれているというか、もうまさに、振り切れそうなんだけど、ギリギリ・セーフのところで抑えてくれているのが西島さんの演技なんです。だから僕は、「映画人・西島秀俊の妙味を見た」という感じで映画版を観ていたんだけどね。それを1回目も2回目も感じたのと同時に、「あぁ、やっぱり、俺、映画の劇場センスっていうのを……もう少し何とかしろよ！」って思いました（笑）。やっぱり反省してどうする！って（笑）。

西島 （笑）。

内野 いやでもいいよ！ この映画、とってもいいんだよ、本当に！

西島 （爆笑）。

内野 とっても良いんだけど、自分としては、西島さんに救われているなぁと非常に思いましたね。

――そろそろお時間なので、最後に……。花見のシーンで、2人が同時に「歳取ったなぁ」と言うんですが、何とも嬉しそうな表情をされていたのが印象的で。この作品を観ていると、歳を重ねることもまんざらではないというか、こんな風に魅力的に歳を重ねていければなと思わされます。お2人も、キャリアを積み重ねてこられてきたことで知った楽しさ、喜び、良かったなぁと思うことがあるのではと思ったのですが。

内野 あの作品の俺はねぇ、どっかしら〝いいかげん〟なのね。〝いいかげん〟って言葉の素晴らしさを、この作品をきっかけに知り始めているというか。〝いいかげん〟というのは、「いいかげんでチャランポラン」じゃなくて、〝良い加減〟ね。「良い塩梅」の〝良い加減〟なんだけど。力み過ぎてもダメだし、気合が入ってなくてもダメだし、その中庸みたいな、その良い加減を学んだ気がしていて。それってすっごい大事なんだよね。演技ってさ、その日その日のいろんなものを感じ取って生まれているから。なんて言うのかな、風とか水とかさ、自然なものみたいにありたいわけ、俺は。それが、西島さんとコンビを組んだことで生まれてきた自然なもののように、勝手に生まれてくる、それが俺の言う〝いいかげん〟さで。その良い加減さを、この作品を通して学んだ気がして。それって同時に、いろんなことを受け入れていくということで。年齢的にはさ、首にこうシワができたり、顔にシワができたり、だんだんとそうなっていくんだけど、でもそれも、1つの味。その歳なりの味。という風に、なんかちょっとね、許されたっていうか……そんな感じがしています。

――ぜひ、この作品をライフワークにしていただいて。

内野 もう西島さん！　やり続けますよ。

西島 （笑）僕はね、ずっとやっていたいですからね。で、僕で言うと、今回の役って自分の実年齢と近いので、親のことや健康のことなど、若い時では考えられていなかったことをたくさん経験していて。設定が若ければたぶん、2人の物語で完結していたと思うんです。だけど年齢を経てきたことで、自分の人生の物語の中に、人が増えていく。それは実人生でもそうです。そうやって物語が広がりを見せていくことで、自分の理解も増えてくる。今後も非常に演じ甲斐のあることだし、もっともっと、自分がこれからやれることはたくさんあるんだろうなというのを思ったりします。

内野 いろんなことを取り込んでいくからね。若い時の「自分だけで行け行け」っていう感じじゃなくなって、いろんなところで余裕が生まれてきたり懐が広くなったりっていうのもね、すごくあるんでしょうね。

西島 あるんでしょうね。

——是が非でも、継続を願います、楽しみにしております。

内野 それ、プロデューサーに言ってください。ここにいるから（笑）。

——（笑）1年に1回、いや、難しければ2年に1回でも良いので、是非！

内野 （笑）よしなが先生はひたすら書くと言ってらっしゃるから。

——映画も寅さんみたいにシリーズ化してもらって。

内野 寅さん！（笑）。

西島 それはいい、年1でね。

内野 最初の頃と見た目が全然違う！みたいなね（笑）。

劇場版『きのう何食べた？』
原作／『きのう何食べた？』よしながふみ（『モーニング』）〈講談社〉連載中
出演／西島秀俊、内野聖陽、山本耕史、磯村勇斗、マキタスポーツ、松村北斗（SixTONES）、田中美佐子、田山涼成、梶 芽衣子、他
11 月 3 日より全国公開

岩城滉一

役者っていうのは『北の国から』で終わっているんですよ

撮影　Tim Gallo
文　多田メラニー

「芸能人の感覚なんて忘れたから、恥ずかしいな（笑）」と照れる岩城滉一を引き連れ、本誌のロケ撮影は岩城の〝庭〟である銀座に程近い日比谷界隈でおこなった。ジャケットにポケットチーフを忍ばせ、サングラスを掛け合わせたスタイリングは岩城自身のコーディネート。色香に誘われるかのように、街行く人が熱い視線を岩城に向け立ち止まる。マダムらに「ランチに来たの？」と声を掛け言葉を交わす姿は、最高にクールだった。公開を控える映画『土竜の唄 ＦＩＮＡＬ』では、彼の気さくでユーモラスな人柄を封印し、ヤクザ組織のトップ・轟 周宝に身を投じている。生田斗真演じる潜入捜査官の玲二が狙い続けた周宝は、シリーズ最終作にして検挙されるのか――つい最近まで芸能界を退いていたという岩城が、満を持してスクリーンにカムバックした。

三池監督が家に来て「何本撮るって約束しましたよね」と言ってくれたんです

――（取材場所となった）日比谷の辺りにいらっしゃったのは、お久しぶりですか？

岩城 去年肺炎になってしまって、コロナの心配もあるし、また患ったら大変だからというので、今は家と（自身が運営する）射撃場以外に出歩くことはないです。昔はしょっちゅう行っていた銀座も全然。こっち（日比谷）の方も飲み屋街だから元々そんなに来ないし、映画も興味ないから（笑）。自分が出た作品のヴィデオも全く観ないんですよ。俺が死んだ後、娘とかに「うちのパパはこうだったんだよ」ってお土産にするみたいなものだから、封は切っていないし。あまり芸能のことにも興味がないからね。こういう取材とかでも「岩城さん、芸能活動はアルバイトですよね？」って聞かれても「そうだよ」って答えちゃう。悪く書かれるのは分かっているんだけど、「違う、違う」って言えない性格なんですよ（笑）。どんな仕事でも一生懸命やっていますけど、そういう質問をされたら言わざるを得ないでしょう？　だから「岩城がアルバイトでやっていた」と書かれて、仕事が減って行くのは当たり前なのよ。でも仕事が減っても全然食っていけるから、「そうだね～」って言わせておくだけ。我々の仕事は、アルバイトだからって手を抜いてやれる奴はいないですよ。

――返答に岩城さんのお心の広さが表れていますね。しかも岩城さんは50年近く、この世界にいらっしゃって。

岩城 女房とも「パパはラッキーだったね。流行の中に入る人って必ずいるから」という話を良くするんです。例えば俺らの先輩だったら、ヤクザ映画が流行ってきた頃に石原裕次郎さんや高倉 健さん、チャンバラの時代には高橋英樹さんとかね。そういう方々が、その時期にちゃんと出ているのと同じで。俺は暴走族のつもりはないけども、たまたま『爆発！暴走族』という映画に出演して世相を象徴していたというか……だから未だに、俺が使っていたものと同じ種類のオートバイがすごい金額で売買されているみたい。元々37万円のバイクだったかな、それが1000万円だって。そのバイクを持ってオートバイ屋さんに行くと「岩城仕様ですか？　ノーマルですか？」ってだいたい聞かれるんですよ。岩城仕様っていうのは俺が映画でやっていた時のバイクの仕様なんだけど、乗っている人の……下手したら半分以上は岩城仕様になるんじゃないかな。俺はそのバイクが3台あるから、ざっと3000万円くらいだよね。家建っちゃうな、老後の心配ないなって（笑）。そんな感じですよ。

――岩城さんの『YouTube』ではバイクのお話はもちろん、キャンプだったり、興味深い動画が多くありました。

岩城　つい最近、軽トラックの動画を上げたんだけど、急上昇ランキングだなんだってすごかったみたいです。

――そして『土竜の唄 FINAL』ですが、5年振りの新作ということで久しぶりの三池（崇史）組はいかがでしたか？

岩城　三池監督とは付き合いが結構長いんですよ。まず、監督がヤクザ映画を撮る時に、俺に声を掛けないことは絶対にないんですね。俺に頼んだ方が早いと思っているのか分からないけど（笑）。そうして何度もご一緒してきて感じたのは、三池監督が撮っていて「もう1回」と言わないものは、OKなんだなということ。なので自分からは「もう1回やらせてください」とか、余分なことを言わないようにしてきたんです。けれども今回は2、3回くらい「やらせて欲しい」とお願いしたかな。

――どんなところが引っ掛かられたのですか？

岩城　滑舌が悪いから、「今の言葉は聞き取りにくいかも」と自分で気にしちゃうと台詞が引っ掛かるんですね。それがイヤで。長いセンテンスで喋るとそれが起こるから、できるだけ短いセンテンスでその状況を済ませたいわけ。

相手が「～だったんですよ」と言ったら、「で？」と答える、それでいいじゃねえかって話なんだね。ただ、一般の会話だとそういうやり取りはしないから、〝そういう風な奴〟が言うと、よりヤクザ感が出るみたい。本（脚本）を書く人って、とかく短くて済むことを長く書きたがると思うんですよ（笑）。「倍返しだ！」みたいなので視聴率とか取っちゃうと、みんな台詞が多くなるでしょ。今の番組ってラジオ活劇みたいでさ、俺には無理だね。怒る顔をしながら長い説明をしている間に、自分の顔がどう映っているのかが心配になっちゃう。

―― 今のお話を踏まえて思うのが、岩城さんって表情で魅せる芝居が素晴らしくて。真っ直ぐ見据えた目で凄みを表現したり、頬などの微細な筋肉の動き。かなり細かく動かしていらっしゃいますよね？

岩城 あぁ、そうね。耳も動くし、怒ると歯をこうやって（食いしばってアゴの動きを見せて）やるもんだから、それが映像になると、そういう風に見えるらしいんだよね。「それをやって」と言われた時もありますよ。だけど自分では気が付いていないから意味が分からなくて、後から自分の顔が動いていることを理解して。『土竜の唄』はヤクザ映画ではなくて潜入捜査官の話だけど、数寄矢会の組織の部分もちゃんと描かれていないと、潜入捜査官の活躍が出てこないから。なので自分にできることは、表情の話もそうですけど全部頑張って演じました。しかも右足を悪くしていたんで、実は立つことも吹っ飛ぶこともできなかったんです。本当に申し訳なかったなと思って。監督が工夫してくださったり、代役の方も一部立てていただきました。

―― 数寄矢会に潜入する玲二役の生田斗真さんを近くで見てこられて、改めて岩城さんの目には生田さんという役者はどのように映られましたか？

岩城 すごく魅力があるし、度胸もある子だよね。1作目の時に全裸で車にくっつけられて走行するシーンがあったけど、本当に寒かったのよ。寒いとか痛いってことを言ってはいけないのが我々の仕事ではあるけれど……俺は言うけども（笑）。だからそういうのを見ていると感心しますよ。芝居のセンスがあって斗真は人柄も良いし、それはスタッフに対しても。今回も、5年も経ったかな？という感覚で、距離感が全然変わらないから普通に入れました。斗真がさ、女性に扮した映画があったじゃない（『彼らが本気で編むときは、』）。あの映画は印象的だったな。口では上手く言い表せられないんだけど、映像を観た時にハッとしたというか。あの子は桁違いだと思います。編み物をする時の手の動かし方とか、俺たちには絶対にできない技ですね。

――素晴らしい役者さんですよね。あの、三池さんは勝手知ったる仲だと思いますが、ドラマ作品などですと更に若い世代の監督とご一緒されることが多いですよね。中には岩城さんに対して遠慮がちになる方もいらっしゃいませんか？

岩城 うん、そういう時もありますね。あまり遠慮されるのも困っちゃうけど、遠慮のなさすぎる奴は踏んづけちゃおうかなっていうのは冗談ですが（笑）。市川崑さんとやらせていただいたことがあるんだけど、現場に俺らが入ると、紙のペラ1枚に芝居のシーンが全部絵になって描かれているんですよ。こうやって馬に乗って、ここで台詞を言うよ、とかって。監督も1シーンずつの撮る画を頭に入れているから撮影が早いし、1カットずつに命を懸けているんですね。フィルムが7フィートだかを超えると「こいつが撮ると金がかかる」というので次に使ってもらえないというのもあるけれど。だから……一括りにはできないけども、若い世代の監督って俺と同じで行き当たりばったりっていうのかな。「もう1回、もう1回」って自信のない撮り方になるんだよね。「君は一体何を撮りたいの？　何回も同じものを撮ったら無駄じゃないのか？」って。でもフィルムの現像代がないから製作費も消費しないし、無駄になるという感覚がないんだな。そうするとね、演じているうちにこちらが飽きてきて、だんだんと芝居がいい加減になってきちゃう。そんなことを言ったりやっていると、「岩城は嫌な奴だ」と言われてしまうんだね（笑）。ただ正直なだけなんです。俺のこの性格だともう芸能は無理だなと思ったので、本当は去年、一昨年と一応芸能の仕事は辞めていたんですよ。そうしたら三池監督が家に来て「何本撮るって約束しましたよね」と言ってくれたんです。気持ち的には、『土竜の唄』の1作目から出ているし最後まで出られたこと、作品の締め括りとしても良かったなと思っていますよ。

短い人生であと10回くらい水着を着て海に行けるかどうかという話だから、良い人と良い仕事ができたらそれで十分幸せ

——個人的には、岩城さんのお芝居を他の作品でも拝見したいなと期待してしまうところです。

岩城　もう年も年ですから、朝に何を食ったかすらも覚えていないんですよ？（笑）。あまりにも心配で、先日も病院に行ってね。「先生、朝飯が何だったかも覚えていないんだけど、俺大丈夫かね？」って聞いたら先生が、「食ったのを覚えているんだったら大丈夫だ」って（笑）。台本なんかも全然覚えられないんです。『土竜の唄』でもNGを10回以上出したかな。でも三池監督は何1つ言わないで、編集の時に上手くそこを処理してくれて。すごく助けてくださるし、本当に神様みたいな人ですね。前に写真を撮ってもらったカメラマンの（HIRO）KIMURAくん、彼も若くてなかなかの二枚目じゃない。だけど写真を撮りながら話していると、すごく芯があって男っぽいんだよね。それまでそっぽを向いていたんだけど、ぐわ〜っと彼に入り込むモードになってしまって。この間も彼から、前に撮った写真を展示会（『「HERO1」日本人男性のポートレート展 - 熱狂の男たち - 』）に使いたいと連絡をもらったけど、「俺は心を許してお前と仕事をしたんだから、どう使おうとお前の自由だ」という話でさ。

——私も写真展で拝見しましたが、本当に素敵でした！

岩城　彼はすごく写真がいいよね。今日撮影をしてくれた子（Ｔｉｍ　Ｇａｌｌｏ）もさ、俺にあれして、これしてってあまり指示をしなかったでしょ？　お世辞かもしれないけど、俺の作品を観ていたとか色々と言ってくれて、俺のことをちゃんと見て知ってくれている人だと、短い時間でもああいう風に撮影ができるんだよね。知らない人だと、一昔前のブロマイド写真みたいに「襟を立ててみてください」とか注文をしてくる。「40年前でもそんな写真を撮る奴はおらんぞ」と言いたくなるよね（笑）。だから演出の上手さやセンスのありなしって別なんだなと感じますよ。三池監督はいつも、俺の家に来て地下のガレージを衣裳ルームみたいにして、スーツやらベルト、靴を並べて、劇中で使うアイテムを選んでいくの。すると、俺とも意見がだいたい一緒になる。

——今作でも岩城さんの衣裳は自前だったんですか？

岩城　今回は代役の方が着ないといけなかったので、俺と同じスーツを2着か3着は作りました。俺は1着だけだったかな。これまでは1回の映画に7、8着くらい。「傷付いたら嫌だ」って言っているのに、三池監督は一番高い靴を選ぶのよ（笑）。過去に色々と事故を経験しているのもあって、俺は身体の塩梅が非常に悪いんです。片方の肩が落っこちていたりね。だからスーツは肩パットの枚数も違うし。あちこち骨折をしているから、そういう塩梅の悪さが身体中にあるんです。それに、衣裳というものは基本的には着たことがないですね。『北の国から』の作業着とかも自前なんですよ。刑事作品でも、ウールのスーツとコートを洗濯機でガラガラに洗った衣裳が用意されていたけど、そういうもの以外は全部自前で。『抱きしめたい！』の時代もそうだったし、そういうのが１つのトレンドだったんだと思います。

——本誌でバック・カヴァーを飾っていただいた草笛光子さんも、劇中の洋服はほぼ自前だそうです。

岩城　そうなんだ。草笛さんの上品さ加減って、ヨーロッパの人だよね。日本人であのような方はいないですよ。素晴らしすぎる。俺ね、中尾ミエさんも好きなんですよ。本当に素敵。俺もそういう生き方をしたいなと思ったんで、女房も俺も白髪なんです。短い人生であと10回くらい水着を着て海に行けるかどうかという話だから、良い人と良い仕事ができたらそれで十分幸せ。役者っていうのは『北の国から』で終わっているんですよ。あまりにも本が素晴らし過ぎて、他の番組に出ても、あの頃と同じ感動がもう得られなくなってしまって。だから俺の役者人生はそこで終わっているんです。

――『北の国から』が転機になった」と過去のインタヴューで仰っていますよね。転機ということは、そこからまた、芝居への意欲だったり溢れ出てくるものがあるのかなと思ったのですが。

岩城　そう、意欲や情熱が生まれて大変でした。でも『北の国から』に出て、他の番組をやった瞬間に終わりました。俺、本を読んで泣いたのが生まれて初めてで。本読みの時に毎回全員が泣くんです。ティッシュなんて箱で持って行って、そのゴミを捨てるためのバッグも1つ用意していたんだから(笑)。そんな現場を経験した後に、他の番組をやってごらん。「俺は何をやっているんだ?」と思いますよ。だから俺は、『北の国から』で基本は終わっているんです。それで良いんです。『北の国から』に入ったのは、俺が29歳の時。一度、「草太が話す台詞を今の俺が言うには息も足りていないし、無理だ。だから『北の国から』を卒業させてもらうことはできないだろうか?」って倉本聰先生に相談したことがあるんです。そうしたら、少し後になって先生から電話があって、「岩城、死んでくれるかい?」と言われて。その意味がすぐに分かりました。「先生、良く分かりました。お任せください」と返事をして、最後に死ぬシーンを撮ったんだけど――自分が思うに、邦さん(田中邦衛)が死んだらどうなる? ありだろうけど……地井兄(地井武男)が死んだらどうなる? 雪子(竹下景子)おばちゃんだったらどうだろう? 北村草太が死んだら？　うん、一番良いなって。そこそこ出演していて、子供たちから「草太兄ちゃん」と呼ばれる人間が、想い出の中にいつも出てくる。『北の国から』がこの先続いても問題はないなと思ったので、死を選んだんです。だけど視聴者からはクレームが付いて、結局『北の国から』をやっている間も、俺はおばけで出ることになった（笑）。そういう風に使ってくださる価値観もあったし、だからこそ俺の中では『北の国から』で役者が終わってしまったんだね。しかし『土竜の唄』に関しては、終わったからどうだというのは関係なくて、三池監督が考えながら撮ってくださる映画として別物でした。シリーズ作品だから自分たちで育てていくという面もあったし。『土竜の唄』は自分の中でも、すごく重要な仕事として位置付けてやってはいたんです。だからそれも終えて、今の自分の中ではあまり欲がないというか……この間も事務所が〈サンミュージック〉という会社に変わったんですよ。昔から知っていた人から誘われてね。「本当に俺のことを雇うのか？　銭かかるぞ」と言ったんだけど、大丈夫だっていうから業務提携で今年の8月から。テレビやらあちこちでも事務所を辞めた話をしているのに、「また入ったんかい」って思われるのも、塩梅が悪いんだけどさ（笑）。「俺が入れてくれと言ったんじゃないからな！」って。こうやって芸能界をやっている人なんて、あまりいないだろうね（笑）。

監督／三池崇史
脚本／宮藤官九郎
原作／『土竜の唄』高橋のぼる〈小学館〉『週刊ビッグコミックスピリッツ』連載中
出演／生田斗真、鈴木亮平、岡村隆史、菜々緒、滝沢カレン、吹越 満、遠藤憲一、皆川猿時、岩城滉一、仲 里依紗、堤 真一、他
11月19日より全国公開

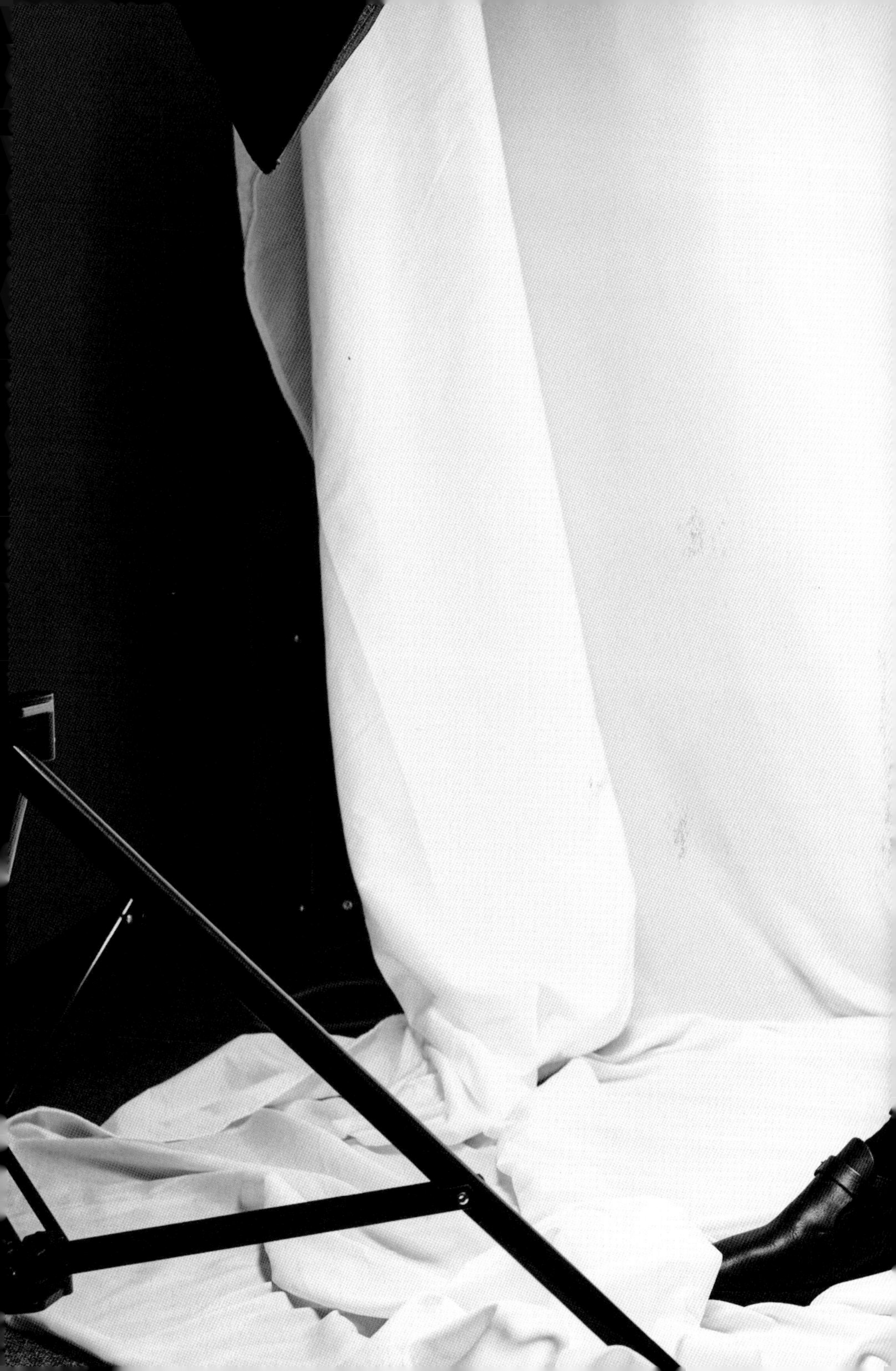

杉本哲太

だとしたらそれは、本質の無さですよ。何も無さが僕をここまで連れてきてくれたというか、芸能界で生き延びられた術は、それです

撮影　映美　スタイリング　能城匠
ヘア&メイクアップ　石邑麻由　文　堂前茜
シューズ／space craft（HEMT PR　tel.03-6721-0882）

10月からスタートする日曜劇場『日本沈没—希望のひと—』の原作は、1973年に刊行された小松左京の名作『日本沈没』。それを、小栗旬、松山ケンイチ、杏らが演じるオリジナル・キャラクターと2023年の東京を舞台にすることで、〝今〟しか描けない物語として映像化する。杉本哲太が演じるのは、内閣官房長官の長沼。日本の未曾有の危機をどう乗り越えていくのか？　人々はどこに希望を見出すのか？　決して絵空事ではないストーリーが突き付けられる。杉本は長沼を、「人間味のある人物」と語っていたが、話を聞くほどに、杉本自身の人間味に魅了された。単純明快な原理で役者をやっているように窺えたが、そこに行き着くまでの道のりの険しさは想像以上だろう。骨太に見える杉本の役者としてのバックボーンは実際、鍛錬でしか得ることができない努力の積み重ねだった。

何もないからこそ、何者でもないからこそ、何でもやってこられた

――今、本作を世に出すということを、杉本さんはどのように受け止めていらっしゃいますか？

杉本 コロナ禍で、この作品が10月から始まるっていう……危機的状況ということにおいては、同じですよね。『日本沈没』の原作自体は、１９７０年代に発表されたものですけど、未曾有の危機が描かれていて。今、まさにコロナ禍であったり、また集中豪雨や台風など、何が起きてもおかしくないという状況で……この『日本沈没』という作品をやる意義というものは、すごく大きいと思います。人命が大事なのか、それとも、「経済を回していかないとダメなんだ」となるのか、右往左往する政治家の方たちの様っていうのは、『日本沈没』の中でも描かれています。僕は官房長官の役なんですけど、今起こっていることと、ドラマの中で起きていることがすごくリンクしていたりして、考えさせられることがたくさんありました。

――官房長官って、我々が一番目にする政治家の１人ですよね。どこから作っていかれたのですか？

杉本 歴代の方々の記者会見を映像で拝見したりしました。実際、ドラマでもそのシーンは当然のことながらあるので。僕は今回、仲村トオルさんが演じられる総理の右腕、というポジションの役所に加えて、「日本未来推進会議」という、若い官僚たちが集まって議論を交わしていく場の顧問的な立場で、若い人たちを俯瞰して見るという役所もあったんです。なので、若い人たちに翻弄されていく、微妙な立ち所でもあるんです（笑）。振り回しはしますし、振り回されもするっていう。“揺れる官房長官”なんですよね。

――政治家は、言葉が大事ですよね。国のためなのか、国民のためなのか、誰のための言葉なのか？　立場上、色々と蠢いているとは思いますが、演じる上で抱えられていた大志はどんなものだったのでしょうか？

杉本 最初は確固たる、「国民のため」という想いがあったんですけども、日本の環境的な問題、自然災害という部分で危機的状況になっていった時に、それだけでもなくなっていってしまう。そういうのも含めて、揺れてしまうんです。

――「危機的状況をどう乗り切るか?」というのもドラマの見所の1つだと思いますが、杉本さんは役者としては、そういった局面をどう乗り切られてきたと思いますか?

杉本 もう、勘しかないですね。(笑)

――勘だけでやってきたんですか!(笑)。

杉本 勘だけです(笑)。直感というか、第六感? まぁ、役者をやってきた中での話で言うと、やっぱり台詞ですよね。台詞が出ないというのが一番、〝危機的状況〟じゃないですか。僕、10年くらい前に1度だけ、どうやっても台詞が言えない時があったんです。僕は刑事の役で、現場の状況、概要を説明するという役割だったんですが、どうしても、言えないフレーズがあったんですね。もう、何回やっても言えない。本当は、流して撮るようなシーンなんですけども、僕が詰まってしまうものだから、カット割をして撮ってもらった。それがトラウマになったのか、ストレスで三半規管がやられて、フラフラフラーって。そこまで嵌ったのはその時1回だけですが、それ以降、台詞を覚えても、何度も、繰り返し台本を見るようになりました。家を出る時、鍵を閉めたにも関わらず、玄関の前で立ち止まって、「あれ? 窓の鍵、閉めたかな?」とか、チェックし直したりするじゃないですか? ああいうの、軽い神経症の1種らしいんですけど、それに近いですね。

――それは今もですか?

杉本 今もですね。キリがないんです、終わりがない。

――そんな恐怖のトラウマを抱えられたままの生活は、どういう感じなんですか?

杉本 例えば部屋でブツブツ、座った状態で言えたな、と思ったら、今度は散歩しながら、ブツブツと。まぁでもあれですよ、どんな台詞でも、じゃないですよ？　〝役と本によっては〟です。長台詞や説明台詞を言わなきゃいけない時は、身体を動かしながらでもその台詞が言えるのが、1つの尺度としてのOKで。そこまではやります。常に、「覚えていても不安」みたいなのがある感じです。今回の現場でも、若手官僚とのシーンに若い役者がたくさん出ていたんですけど、撮って、OKが出て、僕がウワーッってホッとしていたら、「えーっ！　哲太先輩そんなに緊張されていたんですか⁉」、「いや、実はむっちゃ緊張しててさ。この台詞、何度言ってもつっかえてたからさ」、「全然そんな風には見えなかったっす」というやりとりがありました。

――あまり表に出ないタイプなんでしょうか。苦労とか緊張などが。

杉本 かもしれませんね。

――損するタイプですね。

杉本 損するタイプなんですよ（笑）。

――気持ちが途切れずだと、張り詰めてしまいますよね。リフレッシュはどのように？

杉本 リフレッシュはやっぱり、お酒ですね。最近は飲まない日もありますけど。今はこういう状況ですから、美味しいご飯を食べながらお酒を飲むということが外でできないのは逆にストレスですけども。

――どういうお酒が好きなんですか？

杉本 もう、お酒であればなんでもいいです（笑）。昔は、まずビールからいって、とかありましたけど、今はハイボールとか、そういう感じですかね。

――しかし、それほどの苦労があるのに、何十年もこの仕事を続けられているのはなぜだと思いますか？

杉本 どの役でも、最初は台詞を覚えるのが、とにかく苦痛なんです。いや、覚えるのは簡単じゃないですか、暗記すればいいんだから。でも、じゃあいざ役をやるとなった時に、その役の職業や人物に見えないといけないわけで、そのためには見てくれも大事だと思うんですが、喋り方1つだったり目線の動かし方1つだったりまで想像するんです。加えて、台詞をちゃんと自分に落とし込めるまで、ブツブツやる。そういう作業をね、ずっと繰り返しやっているうちに、だんだんハマっていくんです。のめり込むというか、楽しくなってくる……というか俺、結局16歳からこの世界にいるから、これしかやったことがない、他のことはできないんですよね。途中、アルバイトをしたこともありますけど、サラリーマンの経験もないし、ガテン系の仕事に長くいたこともない。この世界で生きていくしかなくて。ずっとやってきたのはそういうところもあります。

――この仕事が、もう日常であり、当たり前であり……。

杉本 当たり前というかね、全部が役者に直結しているというか。朝起きてから寝るまでが。

――歌でデビューされたじゃないですか。たまに音楽をやりたくなったりはしないんですか？

杉本 ないですね（笑）。楽器も、当時は一応弾いていましたけど、バンドを辞めたら楽器も辞めたようなものなので。楽器を続けていたらね、たまに今もやっていたのかもしれないですけど、全然です。

――音楽自体は聴かれたりしますか？

杉本 聴くのは、たまに車の中とかで聴きます。今はもう、機械が色々流してくれるじゃないですか（笑）。レゲエも聴くし、R＆Bも聴くし、ロックも聴くし、チルとかも聴きますし。何でもいいんです（笑）。

――お酒が飲めればなんでもいい！ みたいな（笑）。

杉本 なんのポリシーもないですね（笑）。

――お話を聞いてきた中で、お酒のくだりに一番熱を感じたので（笑）。

杉本（爆笑）。まぁでも、撮影が終わって、家に帰って一杯やるのが、至福です。1つの作品が終わった時、終わってなくても、今日はブツブツ言っていた台詞をクリアできたな、と思ったら、シャンパンでも1本飲んだろかい、っていう（笑）。気持ちの切り替えが酒なんです。

――（笑）先程、「勘でやってきた」とおっしゃっていましたが、とはいえ勘だけじゃないものがあったと思うんです。ご自分で分析するのは難しいと思いますが、何だと思われますか？

杉本 だとしたらそれは、本質の無さですよ。何も無さが僕をここまで連れてきてくれたというか、芸能界で生き延びられた術は、それですかね。これまでいろんな役をやらせてもらってきましたけど、ある時、「杉本さんご自身のポリシーみたいなものは何ですか？」と質問されて。それ実は、何もないんだよっていう。何もないからこそ、何者でもないからこそ、何でもやってこられた――例えばヤクザの組長から官房長官の役まで。自分っていうものがあると役を邪魔してしまうことがあるから。役者を16歳からずっとやってきて、これで一生食っていけるのであれば、もう自分なんてものはいらないですよね。理想としては、何もないキャパシティの中に、頂いた役がポコッと入ってくれればいいなって思います。

――若い時、20代、30代などは、もっと「俺、俺」だったりしませんでしたか？

杉本 もう、むっちゃ。〝むっちゃ自分〟でした。

――〝むっちゃ自分〟ってキラー・フレーズですね（笑）。

杉本 〝むっちゃ自分〟、流行らせてください（笑）。

©TBS

日曜劇場『日本沈没―希望のひと―』
原作／『日本沈没』小松左京
出演／小栗 旬、松山ケンイチ、杏、ウエンツ瑛士、中村アン／杉本哲太、風間杜夫、石橋蓮司、仲村トオル、香川照之、他
〈TBS〉系にて、10月10日日曜夜9時より放送予定

津田寛治

撮影　宮崎健太郎　スタイリング　三原千春
ヘア&メイクアップ　カヤハラリサ　文　多田メラニー

ジャケット（94,600yen）、ニット（50,600yen）、パンツ（50,600yen）／以上、トランジットウオモ（株式会社ストックマン　tel.03-3796-6851）
シューズ（53,900yen）／トリッペン原宿店（tel.03-3478-2255）　※すべて税込

それくらい懸けてでもこの年になるまでずっと追求してきた原動力というのは、やっぱり物語ではないかな

「29年間、嬉しかったことなど今日の今までありません」。終戦の事実を知らず、ただ1人フィリピンのジャングルで任務を遂行し続けた最後の日本兵・小野田寛郎旧陸軍少尉が、帰国時の会見で発した言葉だ。どれだけ周囲から労いをかけられようとも戻って来ることのない失われた日々への喪失感、あるいは、命を絶やすことは許されなかった軍人としての大義を全うした誇り――映画『ONODA 一万夜を越えて』を観てもなお、彼の心の奥底にある想いは掴めないでいる。遠藤雄弥とWキャストで小野田の成年期を演じたのが、津田寛治だ。終わりの見えない孤独な戦いを続ける鬼気迫る津田の姿は、ある種革命家のようでもあり、煩雑した世界から一線を引き1人で生きていくことを決意しているようにも感じられた。

僕が一番やりたかった、人に見せるためではなく自分がどれだけ入り込めるか？というところを、アラリ監督が演出してくださって。それがとても幸せでした

――今、小野田寛郎さんを題材に、しかもフランス人の監督が手掛けられたというのは意外性を感じました。

津田 そうなんですよね。僕も日本兵を題材にした映画を観てきましたが、今までにない描かれ方だなという気がすごくしています。僕らからすると、軍隊イコール保守派というか、ある種宗教みたいな捉え方をしてしまうのだけど、（アルチュール・）アラリ監督はもっと〝組織〟という捉え方をされていて。その中で、人間が自分のできることを冷静にしっかりとやっていく、だからこそ歯車がズレた途端にどんどん狂っていくという部分もありますし。一生懸命に正気を保とうとすると言いますか。ジャングルで過ごすうちに本能の方に近付いていくけど、絶対に自分の任務は忘れてはいけないという状態の中、「忘れない、忘れない」と綱を必死に掴んで自分を引き戻していく感覚で。小野田さんにとっては、めちゃくちゃ大事なものだったんだなと感じます。

――日本人キャストはほぼオーディションで決定されたそうですが、津田さんと遠藤（雄弥）さんはお声がけがあったのでしょうか？

津田 僕らもオーディションでした。恐らく、日本のコーディネーターの方が小野田寛郎さんを演じるなら年齢的にこのくらいの人、青年期ならこれくらいの人って、俳優を見繕ってくださったんですかね。その人たちだけを集めてオーディションをやろうということでした。僕の所にもお知らせが来まして。フランスの若い監督が小野田さんを映画にすると聞いて「やりたい！」と思わない俳優はいないと思います（笑）。僕くらいの年代は子供の頃にギリギリ小野田さんをテレビで観ているんですよ。母親から「小野田さんは日本の兵隊さんで、

戦争が終わったことに気付かずにジャングルでずっと戦っていた人なんだよ」と言われて、びっくりした記憶があるんですよね。あの頃はユリ・ゲラーやノストラダムスの大予言とかで、日本が都市伝説的な話題でワイワイなっていた時期ではあると思うんですけど（笑）。その中でも、小野田さんって衝撃的だったんです。それこそ映画の中で、旅行者の鈴木（仲野太賀）が「パンダ、小野田さん、雪男」って言うシーンがありますが、あの同列に並べる感じ、すごく分かります（笑）。子供心に、まさにそれなんですよね。役が決まったことを周りの人に伝えたら、みんな声を出して驚いていましたし、悔しがってもいて。それくらい魅力的な仕事ではありました。

――青年期を演じられた遠藤さんのパートは、ある程度ご覧になってから撮影に入られたのですか？

津田 いえ、ほとんど観られなかったですね。どうしてもここは観ておかないと、この台詞に真実味が持てないなという箇所だけはラッシュ映像を観させてもらったという感じで、基本は台本に書かれていたものを想像しながらでしたから、ちょっと難しかったです。僕本人（小野田）の過去の出来事だったので、そこを深く認識できないままというのは大変かな？とも思いましたが、逆にそこを上手く利用することによって、〝ジャングルの中で1人になってしまった小野田さん〟を、また別人格のように演じるのもアリだなとぼんやり考えていました。

――目の前で仲間が死に絶え、後半の津田さんパートにかけてはかろうじて人間の形を保っているだけと言いますか。アップで映し出された津田さんが噛み締めるように瞼を閉じ、涙がじんわりと滲むシーンがありますが……どんな想いであの場所に居続けたのだろうかと胸が苦しくなりました。津田さんの実体験を観ているかのようでもあり。

津田 カンボジアでの撮影は実質1ヶ月程でしたが、向こうに行ってから発見することも大事にしたい気持ちもあったんですけど、やっぱり脚本に書かれていた小野田さんがすごく魅力的だったんですね。そこから小野田さんを色々と調べてみると、自分が思っていた方とは違うというか……僕みたいな人が多いと思いますが、同じ時期に帰還された横井庄一さんと混在しているかと思うんです。なのにお2人は全く性格も違うし、お話される言葉も違ったりして。横井さんの「恥ずかしながら帰ってまいりました」という言葉がめちゃくちゃ有名になりましたが、小野田さんは決して「恥ずかしながら」とは思わない方でしたし、今の日本が失ったモノをものすごくしっかり持っている方だという気がしたんです。今はネット社会になったことで僕自身も日本を見直す機会をもらえたというか、１つの産物として日本というものが明らかになってきていて。テレビでしか教えてもらえなかった日本を知ることができたことで、「好きだな、日本」という気持ちと、小野田寛郎さんという人物が自分の中でとてもリンクしたんですよね。その中で例えば……日常的に僕は瞑想とかもやったりするんですが、瞑想時の心理状況と小野田さんがジャングルにいる状況がリンクするんじゃないかな？とか。もちろん実際にジャングルに行って身を置いた時ではないと分からないことでもあるけど、方向性としてはそっちなんじゃないかなと考えました。戦争体験がなくジャングルで過ごしたこともない僕自身が、自分の日常でリンクする部分を見つけるには、瞑想や精神的な部分からなんですよね。なので意外とスピリチュアルなことも参考にしていました。

――役作りのお話に繋がるのですが、２０１９年に津田さんが出演された『山中静夫氏の尊厳死』のインタヴューで、お芝居に際してのアプローチが変化してきたというお話がありました。これまでは役を構築したりご自身にないものを考えながら創っていたけれど、そこに限界を感じ始めたと。『ＯＮＯＤＡ』ではいかがでしたか？

津田 『山中静夫～』が終わってすぐに『ＯＮＯＤＡ』の現場で……『山中静夫～』ではぼんやりしたものがあったんだけど、アラリ監督にガッツリ演出をしてもらう中で、割と明確に見えてきたものでもありましたね。簡単に言えば芝居をしないということですが、それはひょっとしたら一番初めに芝居をスタートさせた時にやっていたことなんでしょうけど。技術も武器も持たなかったら、役柄の気持ちになるしかないというか。初めて芝居をやる時は何の武器も持たずに自分をマインド・コントロールしていって、そこに見える素晴らしさなどに僕らは鳥肌が立ったりするので、あの感覚を取り戻さないといけない……というか、ふと気が付いたら「あの頃と同じ状況だよね」みたいなことだったんですけども（笑）。結局はそこに戻るんだなと。『山中静夫〜』は、そういう状況に気付き出した頃で、アラリ監督が求められたものも、まさにそこだったんです。僕が芝居っぽいことをやりだすと、「そうじゃない感じでやってください」ということは言われましたし。初めて海外の監督とご一緒しましたが、演出のレヴェルや映画作りのスタンスの違いなど発見がありました。もちろん日本でもすごくレヴェルが高いところで映画作りをされている方はたくさんいますが、一番基本になる部分がちょっと高いというのかな。日本はスタッフ・ワークがとにかくすごいですよね。どちらかというと監督もご自分のイメージというより、言われる前にみんなに気を遣うというか、全体を俯瞰で見渡すみたいな印象があって。フランスとかだと、監督が俯瞰にならずに物語の近くに寄って、つまりは俳優に近付くということなんですけど。その中で予算も何も関係なく、ダメだったら何回でもやる！みたいなね（笑）。そういう風に作っていくのは新鮮でした。日本だと感情を露わにするのはみっともないだろうからって割と冷静を装うんですけど、アラリ監督は剥き出しなんですよね。「俺の芝居、やばいのかな？」と心配になるくらい爪を噛み始めたり（笑）。だからこそこちらも入り込めるというか。僕が一番やりたかった、人に見せるためではなく自分がどれだけ入り込めるか？というところを、アラリ監督が演出してくださって。それがとても幸せでした。

――結束力もより強固になる現場でしょうね。津田さんのようにキャリアのある方に伺いたかったのですが、役者さんって自己犠牲が多い職業ではないですか？　例えば――役者として当たり前と言われればそれまでですが――何キロも痩せて体を酷使したり、強烈な役柄を演じればそのイメージが常に付き纏われたり。役者さん本人を見つめようとすると、素人感覚ですが同時にそのようなことなども思い浮かべてしまいます。

津田　非常に頷けるお話ですね。でもそこは感情の切り売りとかっていうよりも……何でしょう、色々と上手くできないんですよね。この仕事に入り込むあまり、「56歳なのにこんなこともできない」だとかそういうのが多すぎるんです。家庭の中でも、父親としても夫としても上手く機能しない。「何をやって生きてきたの？」なんて思われても仕方がないなと（笑）。俳優なんて技術が身に付くわけでも潰しが効くわけでもないし、今辞めるとなったら「56歳にもなって何もできないまま俺は生きていたのか」ってなると思うんです。そういった意味で、色々なものは犠牲にしていると思います。だけど、それくらい懸けてでもこの年になるまでずっと追求してきた原動力というのは、やっぱり物語ではないかな。物語の中にトリップする、悪い言い方をすると現実逃避ですが、今の現実が辛くて逃避するということ。現実が辛い人の方が俳優に向いているんじゃないかと思いますよ（笑）。俳優という職業になれたお陰で救われた人は、僕も含めてたくさんいると思いますが、もし俳優をやっていなかったらどうなっていたんだろう？という人は、意外と死ぬ気で食らい付いてやっていますよね。コンプレックスも色々あるし、芝居もできなかったらもうアウトだなって。だからこそ命懸けでやろうと思う。それくらい物語にトリップするというのは、魅力的な作業ではあるんですよね。

『ONODA 一万夜を越えて』
監督／アルチュール・アラリ
出演／遠藤雄弥、津田寛治、仲野太賀、松浦祐也、千葉哲也、イッセー尾形、他
10月8日より〈TOHOシネマズ 日比谷〉他、全国公開

BORN IN 1965 〜 1966 guest

津田寛治

撮影　宮崎健太郎　対話　山崎二郎

目指すところは「芝居していない芝居」。その境地に至りたいと思っています

編集長・山崎二郎と同じ1965年度学年の方を招いて同級生話をするコーナー。今回は、俳優の津田寛治。劇団員として活動後、1993年、北野 武監督作品『ソナチネ』で映画デビュー。以降、映画『模倣犯』、『シン・ゴジラ』、『名前』など。ドラマ『働きマン』、『木下部長とボク』、『食の軍師』、『警視庁捜査一課9係』シリーズ。大河ドラマ『天地人』、『花燃ゆ』。連続テレビ小説『あまちゃん』、『ひよっこ』と、欠かせないバイプレイヤーとして活躍。映画監督としても、『カタラズのまちで』、『怯える女』などを送り出す。今回、戦後約30年目にして日本へ生還した小野田寛郎旧陸軍少尉を描いた映画『ONODA 一万夜を越えて』で小野田役を演じたタイミングで対面が実現した。

作品ごとにいろんな顔を見せてくれた松田優作さんが「俳優は1つのアイコンで居続ける必要はない」と教えてくれた気がします

山崎 最初に「この役者いいな」と思えた俳優は誰ですか？

津田 松田優作さんです。『蘇る金狼』（1979年）ですよね、最初にガツンと来たのは。「うわ、俺、もうダメだ！」みたいなショックがあって、次作の『野獣死すべし』（1980年）を観てみると、「わ！　前作とは全然違う人になっている！」と驚かされて。俳優を目指すきっかけとして、『甦る金狼』と『野獣死すべし』の2本で「1人の人間が役作りでこんなに変われる」ということをまざまざと見せつけられて。作品ごとにいろんな顔を見せてくれた松田優作さんが「俳優は1つのアイコンで居続ける必要はない」と教えてくれた気がします。

山崎 役者を志したのはどんな経緯だったんですか？

津田 映画監督にぼんやりと憧れていた高校時代、親戚のおじさんから「よほど頭が良くないと監督にはなれないらしいよ。ポルノ映画の監督でさえ、東大卒か京大卒らしいし」と言われたりして。その頃は「俳優なら、学歴がなくてもできるんじゃないか。食うために絵の仕事をして、俳優は趣味でやりつつ、上手くいくならそっちに行けばいいかも」なんて思っていましたけど、とある事情で高校を中退することになり、「こうなったら、俳優一択で行くしかない」という想いで故郷の福井から上京した記憶がありますね。ある人から「まずは、演劇専門誌に出ている劇団員の募集告知から劇団を選んでみるのもありだよ」と言われてチェックするも、18歳の子供には劇団の入所金というのが半端なく高額で。その中で入所金の分割払いが利くところが〈劇団東俳〉で、そこに通うことにして。ただ、1年も続かず、その後、いくつかのインチキ芸能事務所を転々とした時期がありました。ひょんなことから舞踏の劇団の旗揚げに参加して、身体の半分だけ痙攣させる技を身につけたり（笑）。

山崎（笑）予想外の「舞踏」というジャンルとは言え、初めての舞台でオーディエンスの前に自分を晒してみて、どんな感覚でしたか？「探していたものはこれだ！」みたいな達成感はありました？

津田 いや、まるでなかったです。むしろ、恥ずかしかったですよね。演劇じゃなく舞踏で、白塗りの裸体で半身を痙攣させるみたいなパフォーマンスでしたから。それで、「松田優作さんに憧れて役者を目指すという当初のヴィジョンとかけ離れた道を突き進んでいるな」とふと気付いたんです。惰性に流されがちだった活動を一旦停止しようと、22〜23歳くらいの頃だったか、「とにかく、名作をインプットしよう」と思い立って、ある時期、邦画を見まくったんです。当時、下北沢にあった品揃えがいいレンタル・ヴィデオ店で週に1回、5本ずつ借りて、1日1本ずつ邦画の名作を観るみたいなことを続けていました。映画館での新作映画の鑑賞も続けて映画漬けの日々を送る中で、「今の日本でどういう監督が活躍しているのか？」ということも自分なりに認識して。思えばその時期は「世間での評価は高くなくても、この監督は好きだ」とか、「この監督の評価が高いのは何故か？」とか、映画について考えを巡らせるいい機会でしたね。そうこうするうち、「せっかくフリーなんだから、好きな監督に自分からアタックしていこう」と思い立って。映画のエンドロールでチェックした製作会社を訪ねて回るということをやり始めたんです。運良く監督にお会いできれば、機関銃のような勢いでその監督の作品の魅力を喋り倒して。「じゃ、今度のオーディションに来いよ」と言っていただけることもありました。

山崎 当時の津田さんの行動力が、伝説の北野 武監督への直談判に繋がったんですね。

津田 まさにそうですね。まず、北野監督の『その男、凶暴につき』（1989年）、『3－4X10月』（1990年）を観て衝撃を受けまして。次作の『あの夏、いちばん静かな海。』（1991年）の編集の仕上げを、僕がバイトをしていた喫茶店があった録音スタジオでやっていたんです。バイト先の喫茶店の女性オーナーがすごくいい方で、「寛ちゃん、うちのお店、どんどん利用していいんだからね。プロフィールを渡せる時には渡すんだよ」と常日頃から言ってくださっていて、武さんとの出会いもモノにできたんです。

山崎 北野 武監督の最初の2作ですが、どんなところに衝撃を受けました?

津田 やっぱり、出ている俳優さんたちがキラキラ輝いているんですよね。スターとして知られた方ではなく、まったく無名の俳優が「本当に『ヨーイ、スタート!』で撮っているのかな?」と思わせるくらい、ドキュメントチックな芝居をやっていて。物語と関係なくても登場人物の人間性を撮ろうとしている感じがすごくあって、「どういう風に演出して、どういう風に現場が動けば、こんなことができるのか? それをまず知りたい」という気持ちが起きたんですよね。「出演できなくても、現場の見学だけでもさせてください。どうすればあんな芝居が撮れるのか、謎が知りたいんです」みたいな心境で、北野監督に手紙とプロフィールをお渡ししました。監督はすごく真摯に受け取ってくださって。「こんなメジャーな方でも、こんなに紳士なんだ」と思って、それだけでも衝撃でした。しばらくしたらまた監督がお店にいらして、ちょうどその翌日が『ソナチネ』(1993年)のクランクインだったんですね。たぶん、スタッフとの打ち合わせをうちのお店でやろうとされていたと思うんです。で、「頑張ってね」みたいなやりとりの後、「あぁ、監督は自分のことを覚えていてくれたんだ」と思った矢先、お店のオーナーが僕を押しのけて、「監督、ひどいじゃないですか! この子、ものすごく勇気を出してプロフィールを渡したのに、なんでオーディションにすら呼んでくれないんですか? 私、見損ないましたよ。もっと漢気のある人だと思っていたのに。寛ちゃん、いいわよ、こんな人の映画に出なくて!」と、監督に向かって啖呵を切ったんです(笑)。監督も「俺、何か怒られているな」みたいな感じで気押された様子で、打ち合わせをしている席から僕に声がかかって。監督の席まで行くと、「このあんちゃんは、俺がよく行く喫茶店でウェイターやってんだけど、とてもウェイターと思えない格好をしているから、『ウェイターならウェイターらしい格好をして働けよ』と言うと、このあんちゃんが『すいません！』って謝る。このシーンを1つ増やすからね」みたいに、スタッフに説明し出して。監督が俺の方を見て、「今回、セリフ一言だけどごめんな」って照れたように謝ってくれて。「何だこれは！　北野映画の1シーンが目の前で展開されている！」みたいな非日常的な感覚でしたね。撮影当日、いざ現場に行ってみると、自分の出番はウェイターが女の子のお客さんをナンパしているっていう設定に変わっていて、セリフ自体も5行くらいのセリフに変更されていて。リハではカミカミでセリフを言っていたんですけど、監督から「じゃ、次は本番な！」と言われた時に、「このままの状態なら絶対恥ずかしいから、元のセリフは全部忘れてアドリブでやろう」と思って、アドリブのセリフで演じたんです。で、セリフを言い終えたところで、監督が「あんちゃん、ナンパした女の子を沖縄に連れてっちゃおうか」みたいに言ってくれて、その後実際に沖縄に行けるようになったみたいな（笑）。それが役者としての最初の映画体験でした。

山崎　すごいですね、この展開！　津田さんの体験談そのものが一編の映画のようですよね。

津田　確かに、映画少年の夢物語みたいなところはありますね。こんな体験をしただけに、「映画の撮影現場は物語のようにドラマチックなことが起きる場所なんだ」っていう想いがありますよね。だから、これが役者としての最初の映画体験で良かったなと。もし、これがもっと厳しい体験なら、未だにカメラの前で緊張しちゃうと思うんですけど。武さんには「カメラの前で何もするな。芝居しなくていい。何もせずに立っているってことが役者の仕事なんだ」っていうことを教えてもらえて、すごく良かったなと思いますね。

山崎　順調にキャリアを重ねてこられて、現在の自分自身を評価、分析するなら、どんな役者だと思いますか？

津田　すごく個性的なキャラクターでもないし、主役を張れるようなスター性がある訳でもないし、何で自分が使ってもらえるのか?と思うと、未だに謎ではあるんですね。ただ、1つ言えるのは、ありがたいことに、悪い役にも良い役にもまんべんなく使っていただいているということで。それは役者としてめっちゃありがたいことなんで、こういうポジションにいられることは幸せだなと思うんですけど。

山崎 これだけ長いキャリアがあれば、年齢と共に成熟に向かっていくのが常ですが、最新作の『ONODA 一万夜を越えて』は津田さんの代表作となり得る気がしました。56歳にしてまだまだ伸び代があるように感じますし、なかなかないケースだと思うんですよね。同じ歳として嬉しい限りです。

津田 ありがとうございます。人間として一番の幸せって成長し続けることだと思うので、おっしゃったようなポジションにいられることは嬉しいなと思いますよね。自分の中でいつも気になっているのは、「自分自身が満足できる芝居が本当にできているのか?」ということなんですよね。他人の評価や次にどんな役をやりたいかというのは気にならなくて、目の前にある役をどうこなすかということがまずは重要なんです。どんな役であれ、今の自分にできるベストのアプローチの仕方は絶対にあるはずなんですが、未だに上手くできていなくて。まずは、そのハードルをクリアするところを目指している感じですね。上手く言えないんですけど、分かりやすい表現で言うなら、目指すところは「芝居していない芝居」。その境地に至りたいと思っています。初めて芝居をする人が演技のスキルがないゆえに役柄が置かれた状況に無意識にトリップするというような場面に時々出くわしたりすると、それを盗みたいという気持ちに駆られます。そういう意味では、演技において一番邪魔になるのがキャリアだったりするので、そこことの闘いの真っ最中ですかね。

渡部篤郎

撮影　ＨＡＹＡＴＯ　ＩＫＩ　スタイリング　田中トモコ（ＨＩＫＯＲＡ）
ヘア＆メイクアップ　神谷菜摘（サーカスバイビュートリアム）　文　松坂愛

道具に頼りたいことはあまりないかな。つまらないことだったら、いっぱい出てくるだろうけど、基本はないですね。今、幸せですからね、とっても。楽しく生きていられているから、みんなに感謝しています

「自分発信じゃないからね。だから難しい」。作品に対して、渡部篤郎はどこまでも献身的だ。自我や欲というものを一切手放し、監督が描くものに対して、果たしてどこまでできるのか？ということを常に見つめている。キャリアを重ねてもなお、芝居が「どんどん難しくなってきた」と高みを目指し続ける姿が魅力的だ。そんな渡部に取材をするのは、約2年ぶり。前回、話を伺ったテレビ・ドラマ『ルパンの娘』が映画化され、『劇場版ルパンの娘』として10月15日に公開に。今作では、陽気に思えていた泥棒一家「Lの一族」の最大の秘密に触れることとなる。物語が進むにつれ、喜びや楽しさ、悲しさ、苦しさなどがこの世にいくつも溢れていることに改めて気付かされるような思いを抱いた。コメディという枠を超えた、愛ある家族の物語である。渡部はドラマ版に続き、代々泥棒一家の娘で主人公の三雲華（深田恭子）の父・尊を演じた。

自分自身として大切にしていることは、感謝をするということかな。俳優としてはね、まだまだ分からないことだらけなので、いろんな話をプロデューサーや監督に聞くということの繰り返しですよね、ずーっと

――以前、お話を伺わせていただいたのが、ドラマのシーズン1の放送時で。その際、いかに武内（英樹）監督の作る独創的な作品やキャラクターに自分自身が染まっていけるかがテーマだとおっしゃられていて。シーズン1、シーズン2と経て、そこに対する手応えのようなものはどう感じていらっしゃるのかなと。

渡部 僕にとって手応えを感じることというより、この作品を初めてやらせていただいた時から、キャラクターをきちんと演じること、そこに最善を尽くすことが僕にできることだと思っていました。やっぱり人が考えているイメージですからね。それを自分の身体に通して、本当にピタッとはまるということってなかなか難しいと思うんです。演じながら「あ、なるほどね。それも良いですね」という形もあると思いますし。だから僕の中では、やり切ったとか、そういうことは求めていなくて。武内さんの捉えたいものというのは、いろんな話を聞かせてもらって分かっているので、自分の中ではそこに添ってできたかなということだけはありますね。

――渡部さんにとって役者は、やはり気持ち的には「職人」という言葉が一番近しいですか？

渡部 そうですね。「やりません」、「やります」というのは、その職人さんの気分ですけど。発注を受けたからにはきちんとまっとうする。これだけのキャストの方がいるので、各々その人ならではの発注がきていると思うんです。だから僕自身がどうするか、ということは気にしたことがなくて。そんな感じでやっていますかね。

――今回、渡部さん演じる尊の内面がこれまで以上に見えてくるところもありますが、そこもいかに監督が作りたい

ものに添っていくかということですよね。自分がどうしたいか、ではなくて。

渡部 そうですね。僕の発信じゃない、というのがあるんですよ。だから分からないんだよね。今回も、何度も「こういう感じでやってみようか?」と聞きましたよ。それが一番良い方法論だと思っていましたからね。

――過去を振り返ってみても、お芝居において「こうしたい」と考えることはあまりなかったですか?

渡部 僕ね、昔のことをあまり覚えていないんですよ。ひどいもんだよね(笑)。最近のことだけ。もちろん大事なこともあると思うんですけどね。例えば深田さんなんか、最初に共演してからもう長いんですよ。何十年も経っても、一緒の場所にいられるというのはすごく幸せなことじゃないですか。そういうことは振り返ったりしますけど、多くのことは覚えていないんだよね。この前も他の俳優さんと話していた時に、過去の自分の話になって「そんなこと、あったっけな?」という感じになって。それでも、今、楽しくやっていますけどね。

――ドラマから発展し、今回映画化され『劇場版 ルパンの娘』として公開になります。明るく個性的な家族の見えてこなかった裏側を知り、驚きもありつつ、思わずグッときてしまいました。予想もしていない展開で。

渡部 ありがたいですねぇ。今回は、家族の愛がテーマだと思っています。もうすごい角度で、プロデューサーも脚本家も、監督もやり切ったなと思いましたね。あの作品を泣ける話にしたというのはすごいことじゃない? 僕はせっかくなので劇場で観ようと思っていますから、まだ観ていないんですけど。楽しみにしていますよ。

――ドラマから劇場版と続く中で、武内監督が作るものにどのようなことを感じましたか?

渡部 すごく面白いんだよね、武内さん。悲しみのもっと先の悲しみみたいなものを見つけようとしているから。どこかのロケ先で話した時も、僕が思っている簡単な悲しみじゃなくて、もっと深いところに行こうとしているよね、と思って。何があったんでしょう、あの人に。すごく勉強になりましたよね。

――尊と悦子（小沢真珠）も一見、能天気な明るい夫婦だと思っていたら隠していた過去があって。おっしゃるように悲しみの先に尊はいる気がしました。尊の人物像としては、渡部さんから見るとどう感じていますか？

渡部 優しい父親だなと。泥棒一家であっても娘は純粋じゃないですか。誰に育てられようが親は親なんだよね。

――尊は息子の渉（栗原 類）によく秘密道具を作らせていますが、例えば、もし、過去を修正できるような便利な道具があるとしたら、そこに頼りますか？ それともこういう運命だからと潔くいられるように思いますか？

渡部 もし、本当にあったら、道具を使ってやりたいことなんていっぱいあるよね（笑）。でも、幸せだと思っていますよ、ずーっと。悪いこともないと反省もできないと思いますし。だから、そういう意味で言うと、道具に頼りたいことはあまりないかな。つまらないことだったら、たぶん、いっぱい出てくるだろうけど、基本はないですね。今、幸せですからね、とっても。楽しく生きていられているから、みんなに感謝しています。

――幸せだと思えるのは、どんなところを大事にしているからこそだと思いますか？

渡部 やっぱり家族じゃないですか。一番はね。家族は私の仕事を応援してくれていますから。近いところに自分を応援してくれる人がいるのは励みになりますよね。本当に子どもたちもみんな『ルパンの娘』が大好きでね。大体みんな、1話につき10回ぐらい観ているからね。そんなことはなかなかなかったですからね、今まで。

――お子さんは、そろそろお芝居に興味を持ち始めたりされていますか？

渡部 上の子は少し。この前、別の映画を観に行って、『劇場版 ルパンの娘』の予告が出た時、海外で撮影したと思ったらしくて。「行っていたの？」みたいなことは聞いてきたかな。下の子たちは、深田さんもそうだし、（華の幼馴染の泥棒・円城寺 輝を演じる）大貫（勇輔）さんも、（華の祖母・三雲マツを演じる）どんぐりさんも、うちに遊びにきたりしているから、不思議な感じなんじゃないかな。

――家にいた人たちがテレビに出ている！という感じですよね、きっと。

渡部 そうそう。あと、栗原君もね。でもうちの子たちは、栗原君が渋だって思ってないの（笑）。

――（笑）子どもたちと、一緒に作品を観られることも多いのですね。

渡部 そういう時もありますし、みんな、各々勝手に観ている時もありますし。

――コロナ禍でいろんなことが止まった時も、家族でなるべくゆったりと過ごされていましたか？

渡部 そうですね。慌ててもしょうがないですから、ゆっくりとした時間を過ごしていましたね。そういう時間があって良かったなと僕は思っていますけどね。僕にとっては良い時間でしたよ。今は時代が良くなって、何でも配信で観られるようになったでしょう。とりあえず配信ものは全部観られるようにしているので、昔の作品を観直すこともできましたし。忘れているものもありますからね。同世代とか、もう少し上の方たちのお芝居も、改めて観る機会になって、「あ、なるほどな、そういうやり方があるのか」とか。要は勉強ですよね。そういうこともできるくらい、たくさん観られたなと。とにかく古い作品をいっぱい観ましたね。

――挙げるとするならば、どんな作品を観られたのですか？

渡部 ブライアン・デ・パルマ監督の『スカーフェイス』とか。もう何十年も前の作品じゃないですか？　でも、この前、観た時にね、やっぱりすごい映画だなと思ったね。当時だから作れているというか、当時だからあの（アメリカへ追放された前科持ちの）主人公が生まれたんじゃない？　現代の人に置き換えたら、ああいう人ってなかなかいないから。それが作りものっぽくなく観られたのは素晴らしいなと思って。あと、海外の最新のドラマも観ていましたよね。日本国でもね、そこは目指すところですよね。

――日本としても目指すところ、というのを意識して観られているのですね。

渡部 もちろん。意識はそこに置いておかないと、いざオファーがきた時にできない、ということになってしまいたくないからね。そういうのは、おそらくみんな思っていると思いますよ。あとは、子どもたちの希望で、ディズニー作品が多かったね。で、今はまた映画館に行く楽しみなんかも少しずつ出てきていますよ。

――『ルパンの娘』で描かれる「Lの一族」は、「狙った獲物は必ず手に入れる」と泥棒としてのプライドを大切にしている部分がありますが――渡部さんは、ご自身として、俳優として生きる中で、プライドというか、どういうものが軸となっている感覚がありますか?

渡部 自分自身として大切にしていることは、感謝をするということかな。子どもたちにも、そういう教えをしていますし、優しさを大切に、ということは常に言っていますよね。俳優としてはね、まだまだ分からないことだらけなので、いろんな話をプロデューサーや監督に聞くということの繰り返しですよね、ずーっと。

――ずっと分からないものと向き合っているような感じがあるのですか?

渡部 そうですよね。すごく難しい。どんどん難しくなってきた。若いうちは、まだ勢いでやっていたところもあるかもしれないけど。今の方が難しいですね。

――長くやってきた中で分かったことというのは、何だったりするのですか?

渡部 分かってきたことはあまりないね。だから、後輩たちがきて色々と質問されたりするけど、あまり具体的なことは言わないようにしています。もう、「いや、そっちの方が立派だからいいんじゃない?」なんていうような感じですよ(笑)。

『劇場版 ルパンの娘』
監督/武内英樹
原作/『ルパンの娘』シリーズ 横関 大〈講談社文庫〉
出演/深田恭子、瀬戸康史、橋本環奈、小沢真珠、栗原 類、どんぐり、観月ありさ、渡部篤郎、他
10月15日より全国公開

大倉孝二

どこか立派なフリをしちゃう時がありますけど——そんな立派なものじゃないですよ、というのが好きなんですよ。僕はそういう感覚をすごく大事にしたいと思っています

撮影　岩澤高雄（The VOICE MANAGEMENT）
文　松坂愛

ケラリーノ・サンドロヴィッチ（ＫＥＲＡ）が主宰するナイロン１００℃にとって、約3年ぶりの新作劇団公演『イモンドの勝負』のヴィジュアルの撮影中のこと。その場でちらりと見ていると、スタッフ側から「ここに変な生き物がいるとして、それが何か嫌だなという感じで立ってください」と伝えられた大倉孝二がほんの数秒で、その言葉通りの姿を絶妙な表情と動きで具現化していく。その時にも思ったが――大倉から受け取るものの多くは、こうだ！と人に強いることがなく、さりげなくもずっと面白いという性質があるように思う。いつの間にかクセになってしまうような笑いをくれる希有な人である。その大倉の原点でナイロン１００℃に入るきっかけにもなったのが、今回の舞台の主題でもある〝ナンセンス・コメディ〟だ。どのような「観なくても損はない、捨て身の出鱈目芝居」が繰り広げられるのだろう。多くは分からないままでもワクワクが募って仕方がない。

バカみたいなことをやって、人が笑ってくれたりするのが好きなんです

――先日、ＫＥＲＡさんと一緒に『イモンドの勝負』のご取材を受けられたと伺ったのですが、その時に何か少しでも作品についてのヒントになるようなことはありましたか？

大倉 こういう言葉が今でも伝わるか分からないですけど、ナンセンス・コメディと呼ばれるようなものがあって。ナンセンス・コメディとは何ぞや？と言われると、僕もハッキリとは分からないんですけど、そう呼ばれるものをうちのナイロン１００℃という劇団は昔よくやっていたんですね。ただもう10年以上とずいぶんやってこなかったんですけど、今頃になってやる気になったらしくて。これが結構むちゃくちゃな芝居なんです。演じる側も観る側も年齢が上がってしまっているんですけど――「今の自分なりのナンセンス・コメディになるかどうかもハッキリ言って分からないんだけどね」とＫＥＲＡさんが言っていました。とりあえずコメディらしいです（笑）。僕らがやるようなものは、よく分からないコメディなんですよね。

――大倉さんは、こうして舞台はもちろん、映画、ドラマと本当に幅広く出演されていますが、そういうフィールドの違いがある中でお芝居する時はどのようなことを大事にされていらっしゃるのですか？

大倉 当然、作品によって求められることが違いますからね。１つのことをやり続けていたら、「あいつバカなんじゃないかな」と思われてしまいますから多少は考えているのですが――でも、どちらかというと感覚の方が勝っていると思います。分析するタイプではないのかもしれないですね。言葉にできない感覚みたいなところを何とか掴もうとしてやっているのかなと。もちろん、資料があったら読みますけど、あくまでそこに書いてあることをただやる。その上で、現場の感じから正解を探すというか、そういうことの方が重要だと僕は思っています。

――千本ノックのようにKERAさんの演出を受けてこられた大倉さんですが――過去のインタヴューで入団以降、たくさん怒られてきたけれど、「怒られてもケロッとしていた」というようなことをおっしゃっていて。今のお話を聞いてもそうですが、すごく切り替えが上手だったりするのかなと。

大倉 本当は結構、傷付きやすいですし、ウジウジ考えていたり、覚えていたりしますけど。何と言うか、そんなものだろうと思っているんです。怒られ慣れているし、ダメなことに慣れているというか。僕、昔なんか、本当に芝居が下手くそで、それこそKERAさんをはじめ、劇団の先輩たちにも怒られまくっていたんですね。そんなのが日常ですから、いちいち落ち込んでいられなくて。それにこんなことを言うと周りから怒られちゃいますけど――自分的にですよ？　僕の仕事なんて「上手くいったな」なんてことの方が少ないんですよ。今もそうで自分が出ている作品を観ると、こいつは面白くないなとか下手くそだなと大体落ち込むんです。でもそれをずっと引きずっていても仕事にならないですからね。ただ、実を言うと演じることが辛くなって、本当に辞めたくなってしまった時期が何回かあるんです。その重要な時に辞めずにいられたきっかけとして、ナンセンス・コメディと呼ばれる作品があったんです。今回の舞台のために作った話ではないんですけど（笑）。元々くだらないナンセンス・コメディをやっていたうちの劇団が好きで僕は入ったので、そういうのがいまだに好きなんです。だけど年齢を重ねるにつれ、いろんな作品に出させてもらっているうちに、自分が好きだったものとは違うことの方がウェイトとして大きくなっていくじゃないですか。そこで迷いが生じた時に、KERAさんや自分でやっているジョンソン&ジャクソンの作品をやることで、もう一度気持ちが復活するという。「ああ、こういうことを時々やるために続けているんだな」と感じる部分がありますね。バカみたいなことをやって、人が笑ってくれたりするのが好きなんですよ。いい年してふざけてそれが仕事になるなんてね、なかなかないですからね。

――ナンセンス・コメディは、そもそもお芝居という世界に踏み込むきっかけにもなっているという。

大倉 そうですね。演劇が好きとか俳優になりたいとか、そういうことよりも何か面白いことをしたいなということが最優先事項だったので。その中で自分でお金を払って初めて観たのが今の劇団の作品だったんですけど、こういうのならやってみたいと思って。その気持ちは今でもあまり変わらないですね。

――少し過去を遡りますが、その舞台を観に行く前から大倉さんは演劇の学校に通っていらして。在籍しながらも、そこに携わりたい、という強い気持ちは持っていなかったのですか？

大倉 お恥ずかしい話、自分で情報収集ができるようなたちではなくて、面白いことをやるにはどうしたらいいかが分からなかったんです。それが映画なのかテレビなのか舞台なのかもまったく分からないけど、面白いことをやりたいなと思って行ったところが演劇の学校で。演劇なんか観たこともなかったから、なじめなかったんですけど。でも行ってて良かったです。今に繋がっているんでね。

――興味としてあったのは、とにかく面白いこと、ということだったんですね。

大倉 そうですね。正直、その学校に行っている時、CD屋でバイトをしていたので音楽の方にだいぶ気持ちが傾いていました。付き合う友達も音楽をやっている人ばかりで、俺も音楽関係のことを何かやりたいなと思い始めていたんですけどね。バンドをやっている人たちの手伝いをしたり、ベースの練習も地味にしていて。

――当時はどんな音楽が好きで聴いていたのですか？

大倉 最新のヒット曲から、バイト仲間の先輩に教えてもらっていた古いロックやソウルとか、ものすごく幅広くその時期に吸収していましたね。

――当時、ブームは渋谷系ですか？

大倉 時代はめちゃくちゃ渋谷系です。

――兄弟誌『バァフアウト！』創刊初期は、渋谷系の人たちがたくさん登場していたんです。例えば、今回の舞台は〈下北沢 本多劇場〉で上演となりますが、その演劇の街ともゆかりのあるサニーデイ・サービスもそうですし。

大倉 僕もサニーデイ・サービスは今も聴きますよ。そうそう、さっき雑誌を見せてもらった時に思い出しましたけど、(下北沢にある平日はバァフアウト！／ステッピンアウト！編集部の）カフェに何回か行っています。たまに原稿を依頼されることがあって、その原稿を書くのにどこか喫茶店がないかなとうろうろ探していて、それで見つけたんですよ。いろんな本が置いてあって、原稿を書くのに役に立ったりするんです。音楽関係の本も確かいっぱい置いてありましたよね。

――なんと！　ありがとうございます。今も音楽は変わらず好きですか？

大倉 いまだに音楽は相当聴きます。もう起きた時から寝る瞬間まで、というか、聴きながら寝ていますからね。芝居をすること自体は、僕にとっては結構辛いことなので、だから音楽は現実逃避というか。そんなことを言ったら音楽に怒られるか（笑）。音楽を聴く時間はすごく膨大です。

――最新の音楽も取り入れたり……？

大倉 ようやくサブスクを始めたので、新しい音楽も聴きますけど。ただ、好み的にはやっぱりちょっと古っぽい音楽をやっている今の人みたいな方が好きですかね。

――映像作品だとどういうものに触れることが多いのですか？

大倉 観る映像作品もほとんど音楽系です。音楽関係の映画や音楽ドキュメンタリーとか、あとライヴの映像とか。そんなのばっかりで。最近だと『アメリカン・ユートピア』が良かったなと。

――本当に音楽が好きでいらっしゃるんですね。今回、ナイロン１００℃としては約3年ぶりの新作劇団公演となりますが、大倉さんにとってナイロン100℃は帰ってくる場所という感覚がありますか？

大倉 自分の劇団に対する感覚や想いは、年齢と共に変わってきていますね。昔は、ナイロン100℃での活動がすべてでした。それから外に出させてもらうようになった時は、ナイロン100℃を代表して行っているんだという気持ちもありましたし。大きい劇場に出たら劇団にお客さんを連れて帰れたらいいなとも思っていました。でも今は、どうでしょう。もう年齢的にもいつまでできるか分からないですし、「あ、やっぱりこいつと一緒にやると面白いな」と思ってもらいたいという感じですかね。演出家にも、一緒にやる人たちにも。

――いつまでできるか分からないというのを今、感じていらっしゃることに驚きました。

大倉 俳優としてはもう年明けには仕事がないかも、ということはいつも思っています。実際にはありがたいことに年明けにも仕事はあるんですけど。でもそのぐらいの感覚でいるというか。だから1つひとつの仕事に対して、ここで面白いと思ってもらえなければ次は呼ばれないということを常に意識しながらやっていますね。

――すごくキャリアを長く積まれても、その不安がついて回るのですね。

大倉 3日に1度ぐらいは、もう仕事がこないかもと思いますね。基本的にウジウジしているんです（笑）。

――（笑）ＫＥＲＡさんとの関係性も、年月を追うにつれ変わってきていたりしますか？

大倉 そうだと思う。ただ、なるべく喋らない。なるべくというか、ほとんど喋らないかな。ＫＥＲＡさんだけじゃなくて劇団の他の人たちとも、普段会うということもないですし。何なら連絡先を知らない人もいます。そういうことが意外と劇団が続いている理由でもあると思うんですよ。緊張関係がなくなって家族みたいになっちゃうと、ひょっとしたら続けていけないのかなと。要は面白いことを考える人がいて、それを体現して「そうだ」、「そうじゃない」とか言われながら面白いものができ上がればいいだけで。それ以外のことを何か話してしまうと、不必要な部分も出てきちゃうじゃないですか。だから何を考えているんだか分からないぐらいの方が面白いんじゃないですかね、きっと。

——もの作りの形として理想的だなと思いました。そうやって作品に全力を注がれているからこそ、今回の舞台もどうなるかより楽しみです。事前情報がなくても観に行ける作品って、こちら側の気持ち的には肩の力が抜けた自然体でいられるところがあって。ある意味、財布だけ持って行くぐらいの気軽さがあるというか。

大倉 それが一番理想ですよ。焼き鳥を食べていた人が、「ああ、舞台やっているんだ」と思ってふらっと観てくれるみたいな。そのぐらいのものであったらなと。こう言っちゃ何ですけどね、どこか立派なフリをしちゃう時がありますけど——そんな立派なものじゃないですよ、というのが好きなんですよ。僕はそういう感覚をすごく大事にしたいと思っています。だから〈下北沢 本多劇場〉でやらせてもらうというのも、すごく嬉しいし、大事なことだと思っていますし。みなさん何だか分からないと思いますけど、「分からねえけど面白そうなやつらが出てっから観てみっか」みたいな感じでいてもらえたら。無理に楽しんでくれなくても全然いいですし、つまらなかったら出ていってもらってもいいですし。今は何でも調べられちゃう世の中ですけど、「何だか分からないけど〈下北沢 本多劇場〉に行ってみっか」と面白がってもらえたらいいですね。

——確かに今は何でも答えがネットに出ている時代なので、「分からない」を楽しむって魅力的です。

大倉 うん。もしかしたら、当日、僕はいないかもしれないです、というぐらいのいい加減さで。いい加減なものをわりと真剣な顔をして作っているんですよ。

ナイロン100℃ 47th SESSION
『イモンドの勝負』
作・演出／ケラリーノ・サンドロヴィッチ
出演／大倉孝二／みのすけ、犬山イヌコ、三宅弘城、峯村リエ、松永玲子、長田奈麻、廣川三憲、喜安浩平、吉増裕士、猪俣三四郎／赤堀雅秋、山内圭哉、池谷のぶえ
11月20日～12月12日まで〈下北沢 本多劇場〉にて上演。兵庫、広島、北九州公演もあり。

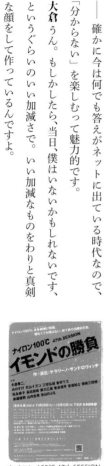

名球会、伝説の名選手たちの肖像

駒田徳広

対話&撮影　山崎二郎　文　吉里颯洋　編集協力　菊地伸明（未来サポート）

投手は200勝または250セーブ、打者は2000安打を記録した名選手が集う名球会。一握りのトップ・プレイヤーのインタヴュー連載。今回は1981年に読売ジャイアンツに入団、1994年に横浜ベイスターズ（現・横浜DeNAベイスターズ）にFA移籍。18年の現役生活で、通算2006安打、953打点を記録した駒田徳広選手にご登場いただいた。

あくまで僕の私見ですけど、野球という競技は、スポーツというより「レジャー」の部類なんじゃないかと思ってるんです

山崎　２０００本安打を達成された方が移籍を経験されている場合、２つのチームで同じくらいの成績、ヒット数を記録されている方は珍しいのですが、駒田さんはそれに当たります。晩年の数年だけ別チームでプレイするケースが多いんですが、駒田さんは珍しいケースです。

駒田　僕の場合、だいたい半々ですからね。読売ジャイアンツ時代に打ったヒットが１０００本ちょっと、横浜ベイスターズ時代は１０００本弱だから。最初の13年間所属したジャイアンツは、若い自分をちゃんと育ててくれたチームなので感謝してますね。「ベイスターズに移籍後の7年は晩年だ」というイメージはありますよね。ベイスターズ移籍以降は、新庄剛志じゃないけど、自分探しの旅に出ているような楽しさはありましたね。自分の場合、プレイが楽しくなければ結果が残ってないんですよ。もっと言うと、笑って野球ができなければ結果は残ってないんです。ジャイアンツ時代は必ずしも笑ってプレイできていたわけではなくてね。ですから、笑って野球ができる環境を求めて移籍したということも含めて、ベイスターズ時代は「晩年」という位置付けですね。

山崎　20年という長期間にわたって現役が続けられた要因は何だと思いますか?

駒田　う～ん。まずは、ケガに強かったこと。ケガをしない運の強さがあったこと、ですかね。日曜日以外、親がずっと自宅の仕事場にいる環境で育ったので、「仕事は休んじゃいけない、サボったらいけない」と自然と刷り込まれたというね。「何があっても休まない」という幼い頃からの習慣が染みついてますから、仕事も休まないんですよ。これはあくまで僕の私見ですけど、野球という競技は、スポーツというより「レジャー」の部類なんじゃ

ないか？と思ってるんです。なぜなら、マラソンなんかと違って、毎日試合ができるでしょ？　週に6日も試合をやって、下手したら、9連戦、12連戦とか、タイトなスケジュールを組んでもこなせるわけ。だから、「レジャーの野球で、ボールに当たる以外の理由でケガをしたら笑われる」という意識がありましたね。大前提として「毎日、試合ができるようなレジャーの野球でケガをするわけがない」と思ってたから、ケガもしないし、休まない。39℃くらいの高熱があっても平気で試合に出てましたね。こういう僕の考え方は、求道者的に野球を追求してきた人にとっては邪道かもしれないけどね。ただ、僕自身が怖がりで気が小さく、「ＨＳＰ（Highly Sensitive Person ハイリー・センシティヴ・パーソン：生まれつき敏感な気質の人）」みたいな要素を多分に持ってますから、こういう考え方で気持ちを楽にしておかないと、そもそもプレイができないんですよ。現役を退いてコーチになった時も、「こういう言い方でアドヴァイスをすると、この選手はどれだけ傷つくだろう？」という心配が先に立つと、なかなか言い出せなかったり。と言うのは、アドヴァイスする側のコーチとされる側の選手の双方が追い詰められると、実際のコミュニケーションが結構ハードになるんですよね。そうした経験を踏まえて、楽に打席に立てる、毎日でも楽にプレイできる方法を模索していくうちに、「楽しくプレイできる」境地から、最終的には「楽しくプレイできなかったら辞める」というところに行き着いたのかなと。

ちょっとした考えの変革というか、リラックスして野球に取り組むための意識のアップデートができたからこそ、何とか２０００本安打まで行けたのかなと思います

山崎　駒田選手の現役時代のエピソードとして、「ホームラン・バッター育成」というチーム方針で、一本足打

法習得のため、王貞治さんの師匠である荒川博さんの道場に入門したお話がよく語られます。

駒田 入門した当初は、試合後にマネージャーのクルマで〈後楽園球場〉を出て、高速の乗り口で待ち合わせした王監督のクルマに乗り換えて荒川道場に通ったこともあります。荒川道場ではひたすらバットや真剣を振り続けるんですが、「毎日、同じシチュエーションで振っていても、体調によってスイングの軌道は変わる」ということがよーく分かるんです。ナンボ振っても、決して昨日と同じスイングにはならないんです。ただ、昨日と同じように振れなければ、帰宅させてもらえず、朝までバットを振らなくてはいけないという過酷なメニューでした。だから、帰宅したいがために、必死で振ってましたね。結局、荒川道場に通ったのは、丸1年ほど。あれは確か、1985（昭和60）年、槙原寛己が〈甲子園球場〉での阪神タイガース戦でバックスクリーンにホームラン3連発をくらった後だったかな？　チームが広島遠征に向かう時に二軍落ちして、自分だけ帰京するタイミングで「どうせダメなら、（一本足打法ではなく）自分が思うバッティング・フォームで打ちたい。それでダメなら仕方ない」という心境になったんですよね。結果として、「荒川道場での修行は打ち切って、我が道を行こう」という結論に至りました。

山崎 「駒田選手をホームラン・バッターに育てたい」という方針が荒川道場入門に繋がったわけですが、「自分はロング・ヒッターではなく、アヴェレージ・ヒッターでいこう」という決断をされて、実際にご自分のバッティング・スタイルを築くまでどんなプロセスがあったんでしょうか？

駒田 当時の自分にしたら「ロング・ヒッターで行くのか？　アヴェレージ・ヒッターで行くのか？」のどちらかの道を選ぶしかなかったんですね。王監督にしたら、「打率も残せるロング・ヒッターになれ」という感覚なんですよ。王監督はテニスもやられるので、そこから来た例え話を聞かされたことがあって。「ラリーをする時、適当な高さにワンバウンドしたところでボールを打つけれど、そのバウンドが思ったより小さかったらどうするんだ？　前屈みになってでも、低いボールを拾いに行こうとするだろう？　バッティングも同じで、そうしなきゃ打てないんだ。要は、前に身体が突っ込んだとしても、バランスは崩されずにしっかりボールを捉える技術があれば、どんなボールでも打てるんだ」という理論でね。要は、ヒットだとかホームランだとかの「結果」以前に「まずは、どんなコースもしっかり捉えて打ち切れ」みたいな理想があるんです。もし、それが実現できるなら、ホームラン50本も三冠王も達成できるわけで。バッティングを極めた達人、オーソリティになれるんです。そもそも、王監督は「引きつけて打て」なんてありきたりのことは言いません。「遠くへ飛ばすためには、ボールは前で捌く。変化球ならもっと前で捌く」と、発想の次元が違うんです。話は変わりますが、イチローに関して鮮烈に覚えている記憶は、１９９４（平成６）年のオープン戦で初めて彼のバッティングを目の当たりにした時のこと。「申し訳ないけど、現状のベイスターズのピッチャーでこいつを討ち取れるピッチャーはいない。何を投げようが、すべて打ち返せる」と思いましたね。動体力学なり、学問上の話になりますが、マウンドからホームベースまでの間、ピッチャーが投げたボールがホームベースを通過するまでの間、１／１００秒で約40㎝くらいボールが動くそうなんです。自分の一番、ベストなポイントで打とうとしても、もし１／１００秒振り遅れたらどん詰まりか空振りになってしまいます。例えば、その２／１００秒、約80㎝の幅の中で、どんなボールが来ても、たとえ泳いだとしても、アジャストできる打ち方をマスターできたとしたら、王監督が言うところの理想のバッティングの領域に近づけるわけですよね。王監督とはフォームも打球の質も異なるけれど、当時のイチローは振り子打法という独自の体重移動をしつつ、それができてました。「あ、そうか！　あの領域に近づくには、王さん、イチローがそうしているように、足を上げてタイミングを取らないとダメなんだ。スタイルはともかく、足を上げたうえで、インパクト直前の80㎝でどんなボールにもアジャストできるスキルが必要なんだ。まずは足を上げなければ、3割も打てない、首位打者もホームランキングのタイトルも獲れない」という結論に達したんです。この考え方は、今でも変わりません。足を上げて打つ重要性に気づいたからこそ、ベイスターズ移籍後に、もう1回3割も打てたし、2000本安打も打てたといぅね。「いいか。速いボールが来たら差し込まれるから、振り遅れ気味になるんだよ。遅いボールが来たら、待ちきれずに泳ぐだろう? そうなるのは当たり前なんだよ。バッティングは、きれいなフォームを競い合う空手の型じゃない。振り遅れようが、泳がされようが、『H』のランプをスコアボードに灯らせるのがバッティングなんだ」という極意を、面と向かって王監督から教えてもらっても、当時の僕には理解できないわけです。「きれいなフォームで打たないとヒットにはならない」という固定観念があるから。ただ、ベイスターズ移籍後の晩年にはそれが理解できたからこそ、ある程度の数字は残せたのかな?と。今思えば、非常にいいことを教えていただいたなと思いますね。「差し込まれるのも詰まるのもしょうがない」という前提に立つと、以前とは違ったイメージでバッティングに取り組めるようになったんですね。(完璧を求め過ぎず)このコースは何とかバットの芯に当たるような打ち方をすればいいんだ」みたいな考えを許容できるようになって、成績も安定してレギュラーとしてやっていけるようになれたんです。こんな感じで、ちょっとした考えの変革というか、リラックスして野球に取り組むための意識のアップデートができたからこそ、何とか2000本安打まで行けたのかな?と思います。

試行錯誤を経て辿り着いたのは、「体幹に近いインコースは無茶振りする必要はなく、肘を畳んだうえでコンと打つ感じでもホームランになる」という打ち方でしたね

山崎 流し打ちの印象も強いのですが、逆方向に打つ意識はいつぐらいから芽生えたんでしょうか？

駒田 元々、流し打ちは得意だったところに、ジャイアンツ時代のチームメイト、ウォーレン・クロマティが流し打ちの重要性を改めて教えてくれたんです。彼に言われたのは「ピッチャーは絶対にアウトコースを攻めてくるんだから、それをヒットにするスキルはすごく大切なことだよ」ということでした。それに加えて、流し打ちの意義というか、ホームランに繋げていくための戦略を教えてくださったのは、名球会の先輩でジャイアンツ時代にコーチとして指導してくださった松原 誠さん。「1打席目の初球からホームランを狙うんじゃなくて、まずは流し打ちのレフト前ヒットを打っていこう。相手バッテリーの選択肢を減らしつつ、そういう駆け引きの中で、3打席目くらいに『そろそろインサイドに来るだろう』という頃合いを見計らって、フル・スイングでスタンド・インさせるんだ。『ヨーイドン！』でホームランを狙っても、おまえは打てるタイプじゃない。アウトコースのボールでも引っ張ってホームランできる力がないなら、なおさら駆け引きが大事だよ。まずはレフト前に流し打っていこう」みたいなアドヴァイスをくださってね。それ以来、アウトコースを逆らわずにレフトに打つことが僕のバッティングの基本的なスタイルになりました。

山崎 シーズン・オフの日米野球で対戦されたと思いますが、「メジャー・リーグでプレーしたい」という想いはなかったですか？

駒田 なかったですね。「日本のプロ野球で長く現役を続けたいな」と思っていただけで、それ以上の想いはなかっ

たです。

山崎 駒田選手のお考え、プレイスタイルがアメリカ向きなのかな?と思いまして……。

駒田 メジャーでプレイするには、僕はちょっと神経質過ぎるかな? 寂しがり屋ですしね。「かまってちゃん」じゃないけど、構ってもらえないと寂しく感じるのに、時々、独りにしてあげないとダメなタイプ(笑)。

山崎 ニューヨーク・ヤンキースのスラッガー、ジャンカルロ・スタントン選手のスイングを見ていると、ヘッドが立っていて上から叩いているように見えます。(ややアッパー気味のスイング軌道でボールの下側を打ち、フライを打ち上げるスイングの方がヒットやホームランの確率が高いという)「フライボール革命」がメジャー・リーグを席巻する中、自分が見る限り、レヴェル・スイングで打つ選手も多いように思うのですが……。

駒田 あくまで僕なりの理論ですが、上から叩いて打てる人は、肘と肩を支点にしてスイングができるんです。それに対して、フライボール革命を実践するアッパー気味のスイングをするバッターは、支点が肩だけなんですよ。この打ち方をしている昨今のバッターは、すごく高い位置でフォロースルーをする人が多いんです。アッパー気味のスイングをするバッターが増えてきた背景には、腕力や体幹の力が以前よりも向上して、道具のクオリティもよくなり、ボールも飛ぶようになったとか、さまざまな要素があるかと思いますね。僕の現役時代、レフト方面へのホームラン、長打を増やそうとした時に、「流し打ちした打球がスライス回転していたら、(打球はファウル・ゾーンに切れてしまい)距離は出ないよ。ならどうするか? ボールを引きつけて、インパクト時にヘッドを返したうえで、レフトに(ボウリングの)フック・ボールを打つような感覚で打てば、強振せずともフェンス・オーヴァーできる」という考え方でしたね。例えば、フライボール革命の理論を実践できるスラッガーが10%未満だとしたら、それ以外の打てない選手達は、「ボールをバットの『面』でどう打つのか?」

ということを目指してトレーニングしていかないと。僕がレギュラー・ポジションを掴もうか？という時期には、王監督の教えを松原コーチがうまく噛み砕いて教えてくれていました。例えば、「レフト方面に打つためのバットの『面』がまだ出てないんだよ。ちゃんとバットの『面』が出るようなスイングをしなければ、ねらったところには飛ばないよ。テニスならラケットの面で打ち返すように、バット・スイングもまずは『面』を出して打つこと」みたいな感じでね。極論を言うなら、フライボール革命はどうでもよくて、「イメージした理想の打球を打つために、自分の身体とバットをどう使って打つのか？」ということに尽きると思います。僕の場合、試行錯誤を経て辿り着いたのは、「体幹に近いインコースは無茶振りする必要はなく、肘を畳んだうえでコンと打つ感じでもホームランになる」という打ち方でしたね。

駒田徳広（こまだのりひろ）／奈良県出身。1962（昭和37）年9月14日生まれ。1980（昭和55）年、桜井商業高校からドラフト2位で読売ジャイアンツ入団。プロ入り3年目の1983（昭和58）年、開幕2戦目にプロ野球史上初のプロ入り初打席満塁ホームランを放ち、鮮烈なデビューを飾る。以降も満塁で無類の勝負強さを発揮し、「満塁男」と呼ばれた。1994（平成6）年、FAで横浜ベイスターズへ移籍。日本一に貢献した1998（平成10）年ベストナインに選出。広角に打ち分けるバッティング・スタイルで活躍、2000（平成12）年、2000本安打を達成。同年、現役引退。一塁手としては史上最多の『ゴールデングラブ賞』10回。現役生活18年の通算成績は、2063試合に出場、2006安打、195本塁打、打率.289、953打点。引退後は、東北楽天ゴールデンイーグルス、横浜ベイスターズなどでコーチを歴任。2016（平成28）年から2019（令和1）年にかけて、四国アイランドリーグplusの高知ファイティングドッグス監督を務めた。

INFORMATION

STEPPIN' OUT!　ステッピンアウト！

facebook : @steppinoutmagazine　Instagram : magazinesteppinout　twitter : @OutSteppin

BARFOUT!　バァフアウト！

1992年創刊以来29年、新しい世代の表現者を「批評」するのではなく、「応援」するカルチャー・マガジン。毎月19日発売（月により変動します）。

facebook : @barfoutmagazine

Instagram : barfout_magazine_tokyo

twitter : @barfout_editors

Brown's Books & Café　ブラウンズブックス&カフェ

音楽、演劇など街ごとカルチャーな下北沢。平日は『ステッピンアウト！』、『バァフアウト！』編集部が土日はブック・カフェに。編集発行人・山崎二郎の本棚がそのまま展開。全て販売もしています。

営業時間 13:00 〜 19:00　TEL.03-6805-2640

facebook : @brownsbooksandcafe　Instagram : brownsbooksandcafe

twitter : @BrownsBooksCafe

JIRO YAMAZAKI　山崎二郎

facebook : @ jiroyamazaki　Instagram : jiroyamazaki

PRESENT

1. 西島秀俊×内野聖陽　（サイン入りチェキ1名様）
2. 岩城滉一　（サイン入りチェキ1名様）
3. 津田寛治　（サイン入りチェキ1名様）
4. 渡部篤郎　（サイン入りチェキ1名様）
5. 大倉孝二　（サイン入りチェキ1名様）

このページ右下の「プレゼント応募券」を貼り、①お名前、②ご住所、③お電話番号またはメイル・アドレス、④この号を読んだご感想、⑤上記のご希望のプレゼント番号を、郵便はがきにご記入の上、以下の住所までご応募ください。抽選でご希望のプレゼントをお送りします（発表は発送をもって代えさせていただきます）。

ご記入いただいた個人情報は、プレゼントの発送のみに利用し、外部に提供することはございません。アンケートの内容は編集参考資料とさせていただきます。

締切／2021年12月8日消印有効

応募先　〒155-0032　東京都世田谷区代沢5-32-13-5F

ステッピンアウト！ 2021年12月号プレゼント係　宛

NEXT ISSUE

次号のステッピンアウト！ 2022年2月号は2021年12月8日発売予定です。

その他、内容は決まり次第SNSでアップしていきますので、是非見てみてください！

STEPPIN' OUT!
DECEMBER 2021
プレゼント応募券

STEPPIN' OUT!®

ステッピンアウト！ DECEMBER 2021 VOLUME 21

EDITOR 堂前 茜 岡田麻美 松坂 愛 多田メラニー 上野綾子

PUBLISHER & EDITOR-IN-CHIEF 山崎二郎

DESIGNER 山本哲郎

PRINTING 株式会社 シナノパブリッシング プレス

STEPPIN' OUT! ステッピンアウト！ DECEMBER 2021

2021年10月6日第1刷発行 ISBN 978-4-344-95411-3 C0070 ￥600E

発行：株式会社ブラウンズブックス 〒155-0032 東京都世田谷区代沢 5-32-13-5F

tel.03-6805-2640, fax.03-6805-5681, e-mail mail@brownsbooks.jp

Published by Brown's Books Co., Ltd. 5-32-13-5F Daizawa, Setagaya-ku, TOKYO,JAPAN. Zip 155-0032

発売：株式会社 幻冬舎 〒151-0051 東京都渋谷区千駄ヶ谷 4-9-7 tel.03-5411-6222, fax.03-5411-6233

なと感じました。
草笛 トレーナーに付いてもらって、随分と走る練習をしたんですよ。走行場所が決まってすぐにロケハンにも行って足元を確認してきました。結局セレモニーのみになってしまい残念でしたけど。
―― 作品に入られる前にも、体を鍛えたり準備をすることは続けられているんですか？
草笛 そうですね。今も週１回自宅でパーソナル・トレーニングをしています。舞台『ラ・マンチャの男』（1969年）の時は毎朝、相当走っていました。演じたアルドンザは大変な役でしたから。実際にニューヨーク公演を観に行って、「日本公演では絶対に自分が演じたい、やるからには体力をつけなきゃ」と覚悟を決めましたし。雨が降ろうが嵐だろうが家の周りを走り、ガッチリした体型になって稽古に入りました。演出家のエディ・ロールさんがレッスンにムチを持ってくるの。何故かというと、私たちが歌った瞬間に「そんな歌い方は無い。どんな貧しい役でもどんな女でも、背筋は伸ばして歌え！」と言ってムチがピシャっと飛ぶんです。当たると痛いので、みんなコルセットをしてレッスンをしていましたよ。今では考えられないだろうけど、そういう経験ができたのはいいことでしたね。

『老後の資金がありません！』
監督／前田 哲
原作／『老後の資金がありません』垣谷美雨〈中公文庫〉
出演／天海祐希、草笛光子、他
10月30日より全国公開

あるなと思いますよ。私の場合は食べることにお金を使うことが殆どで、服とかアクセサリーにはあまり使わない。去年は特にコロナのこともあって、買う気も無くなってしまったからほとんど買い物はしていません。

—— 著書『草笛光子のクローゼット』にもお書きになられていましたが、「何かの役が来た時に役立つかもしれない」というので、ご自宅のクローゼットにはたくさんの衣裳やアクセサリーがストックされているんですよね。

草笛 割と取ってある人なの。女優っていつ、（衣裳で）何が欲しくなるか分からないでしょ？『連続テレビ小説 あぐり』〈NHK〉の撮影でも、スタイリストさんが毎日家に来て「これ借りますね」って色々と見繕って持って行きました。『その女、ジルバ』〈東海テレビ〉でも自前のドレスを何着か着ましたね。

—— 衣裳が自前というのは、草笛さん世代の役者さんたちにとっては珍しくない話だったんですか？

草笛 それは分からないです。田舎のおばあちゃんの服とか、時代を感じさせるものが衣裳部に無いことがあるんですよ。だから私も「草笛さんの所に行けばあるかも」と思っている衣裳さんのためにも、持っていてあげたいなと思うので、捨てたり誰かにあげたりすることはないですね。だって、私たちは女優だから。使っても使わなくても取っておけば、何かになる。古いものを着て新しく装っちゃうことも、私たち女優の感性には必要なことでしょう？

—— なるほど……話は変わりますが、2018年から、2020年のオリンピックで聖火ランナーになる目標を立てて、トレーニングを続けていらしたそうですね。コロナの関係で残念ながらセレモニーのみの開催となってしまいましたが、願いを持ち続けるだけではなく、叶えるための行動力が素晴らしいんな服を着るのか？　すごく考えました。色や柄、スタイルなど細かく。芳乃だったらば、あまり長過ぎない寸法の袖のあるものを着るかなとか。ちなみに芳乃の登場シーンは全身真っ赤な洋服でしたが、帽子は自前。その他にも色々と自前を使っています。ヘアスタイルは着物の時のままにわざと残して、洋服に合わせてみました。

―― 嫁姑の関係である、篤子役の天海祐希さんとのコンビネーションも絶妙でした。

草笛 彼女に会うと怖いのよ（笑）。

―― 何故ですか？

草笛 会う度に私に「やっていないでしょうね？　やったら承知しないから」って言うのよ。つまり顔のリフトアップとか、若返りのためにいじるなということなの（笑）。これが私たちの合い言葉。私が今、87歳だから、その歳になるとシワがあのくらいで、こうたるむのかなとか、私を見本に考えているのよね。綺麗にされちゃうと困るって言うの（笑）。でもあの方が言うと、ちっとも失礼にならないし嫌味もありませんし。とても気持ちの良い方です。

―― 草笛さんが毒蝮三太夫さん風のメイクをして年金詐欺の片棒を担ごうとするシーンは、可笑しみの中にも隠し切れない草笛さんの美しさを感じました。個人的には、そのあべこべ具合も面白くて。

草笛 ひどい格好でしたよ（笑）。（区役所職員役の）三谷（幸喜）さんが寝ている私の顔を覗き込むシーンは、監督が「もうちょっと近くに」って言っているのが聞こえたの。私を笑わせようとしているのは分かっていたから歯を食いしばって耐えていたんだけど、チョンと何かが鼻に触った気がして目を開けて見たら、三谷さんの鼻なのよ。「こんなに近くまで来たのか！」と思いましたよ（笑）。でもまぁ、そんな扮装をしてみたり芳乃は大胆な人よね。お金に無頓着なところは私にも

―― 本日はよろしくお願い致します。

草笛 あら、彼。（オダギリ ジョーが表紙の『ステッピンアウト！』10月号を見て）彼が監督された船頭さんの映画。

―― 『ある船頭の話』ですね。草笛さんもご出演されていました。

草笛 そう。この映画の衣裳デザインをされたワダエミさんとは昔からの友達で、ある日電話をしていたら、彼女はちょうどオダギリさんと映画の打ち合わせ中だったみたいで。隣にいた彼が「今の誰？草笛さん？　じゃあ出てもらおう」という流れで出演が決まりました（笑）。真夏の撮影で、すっごく暑かったけれど、良い思い出です。

―― そうでしたか！　思わぬ裏話がお聞きできました（笑）。今回の映画『老後の資金がありません！』ですが、草笛さんの何気ない表情や仕草から生まれる笑い、その塩梅も含めてとても面白く拝見しました。

草笛 私ね、「コメディです、どうぞ」って脚本を渡されても、「そうですか」と思うだけで、普通の作品をやるのと変わらないんです。笑わせようとか、そういう気は全然ないの。だから今回、前田（哲）監督から「あなたは演技をしなくても、十分可笑しいですから。どうぞそのまま出てください」と言われた時、愕然としたわ。「私って本当はお笑いの人だったのかしら？」って（笑）。100本以上映画に出てきましたがそんなことを言われたのは初めてでしたから、有り難いやら、なんてことを言うんだろうっていう怒りたい気持ちと、笑っちゃいたいのとで。

―― 演じられた芳乃さんは老舗和菓子店の女将さんですが、お衣裳にもかなりこだわられたそうですね。

草笛 まず、彼女は着物を着ていた人だろうと考えるわけですね。着物で「いらっしゃいませ。何に致しますか？」とお店に出ていた女将さんでしょ。そういう人が洋服を着たら、どこんなにも“女優”という言葉が似合う人はいない。気高く凛とした佇まいで取材現場に現れたのは、女優・草笛光子。にこやかに挨拶を交わし撮影が始まると、チャーミングに戯けてみたり、様々なポージングで現場の空気感もろとも変化させていく。インタヴューで語られるエピソードにも、女優のポリシーが詰まっていた。最新映画『老後の資金がありません！』では、夫婦揃って失業した篤子（天海祐希）の家に同居する、浪費家の姑・芳乃を演じた。芸能人生は70年を超えたが、本作では一風変わった男装にも挑戦し（本人は監督に乗せられたと話すが）、その気概溢れる姿には憧憬を抱く。奔放なように見えて家族や周囲の人を想う心根の温かさ、小手先では表せられない奥深さを芳乃に見出せた時、改めて草笛が第一線で活躍し続ける所以を感じられた。

草笛光子

撮影　森 康志　スタイリング　清水 けい子（アレンジメント K）
ヘア＆メイクアップ　山口亜希子　文　多田メラニー

古いものを着て新しく装っちゃうことも、私たち女優の感性には必要なことでしょう？

ニット（59,400yen）、スカート（49,500yen）/ 共に、エスカーダ スポーツ（エスカーダ・ジャパン　tel.03-5843-8563）
イヤリング（4,100yen）、左手のリング（253,000yen）、右手のリング（9,300yen）/ 以上、オートジュエラー・アキオモリ（tel.03-5524-0027）　※すべて税込